GERALD PILZ

GELDANLAGEN IN ALLEN LEBENSPHASEN

DIE GRÖSSTEN GEHEIMNISSE DER FINANZEXPERTEN

GERALD PILZ

GELD ANLAGEN
IN ALLEN LEBENSPHASEN

DIE GRÖSSTEN GEHEIMNISSE

DER FINANZEXPERTEN

Dr. Dr. Gerald Pilz ist Autor zahlreicher Bücher über Börsen-
und Wirtschaftsthemen. Er ist Dozent an der Dualen Hochschule
Baden-Württemberg.

Bibliografische Information der Deutschen Bibliothek
Die Deutsche Bibliothek verzeichnet diese Publikation in der
Deutschen Nationalbibliografie; detaillierte bibliografische Daten sind
im Internet über ‹http://dnb.ddb.de› abrufbar.

ISBN 978-3-87800-071-6 (Print)
ISBN 978-3-87800-077-8 (EPUB)
ISBN 978-3-87800-078-5 (EPDF)

© Südverlag GmbH Konstanz 2015
Einband, Layout, Satz und Seitengestaltung: Harald Braun, Berlin
Umschlagabbildung: shutterstock/maxicam

Druck und Bindung: CPI – Ebner und Spiegel, Ulm

Südverlag GmbH
Schützenstr. 24, 78462 Konstanz
Tel. 07531-9053-0, Fax: 07531-9053-98
www.suedverlag.de

INHALTSVERZEICHNIS

I. Einführung **9**

Die Planung der Altersvorsorge 11

Warum wird die private Altersvorsorge
immer wichtiger? 17

Das Rentensystem in der Krise 20

Die Gefahr der Altersarmut 26

**II. Was Sie stets beachten sollten:
Die größten Irrtümer über Geldanlagen** **28**

Irrtum: Das Sparbuch ist die sicherste Anlage 28

Irrtum: In einer Krise gewinnt Gold 36

Irrtum: Mit Immobilien kann man
nichts falsch machen 44
• Was Sie beim Kauf einer Immobilie
beachten sollten 50
• Der eigentliche Kauf 57
• Die Rendite vermieteter Objekte 60
• Wie berechnen Sie die Rendite einer
vermieteten Eigentumswohnung? 62

Irrtum: Für Laien sind Investmentfonds
die beste Wahl 65

Irrtum: Riester-Verträge lohnen sich 72

Irrtum: Anleihen sind sicherer als Aktien 75
• Anleihen im 21. Jahrhundert 80
• Der Anleihenmarkt der Welt 87

Irrtum: Die betriebliche Altersversorgung
zahlt sich aus 94

Irrtum: Ein Bausparvertrag ist ein guter Anfang 99
• Exkurs: Was Sie über den
Bausparvertrag wissen sollten 102

Irrtum: Eine private Renten- oder
Lebensversicherung ist eine
sinnvolle Altersvorsorge 105

Irrtum: Ihr Geld ist sicher bei der Bank 113

**III. Was Ihnen Ihr Bankberater verschwiegen hat:
Die größten Geheimnisse der Finanzexperten** **119**

Geheimnis: Wie die Harvard- und die
Yale-Universität Geld anlegen 124

Geheimnis: Was Warren Buffett seinen Erben rät 128
• Exkurs: Aktie 130

Geheimnis: Die Nobelpreisträger-Strategie 134
• Exkurs: ETFs 137

Geheimnis: Wie Banken in
Mikrosekunden handeln 152

Geheimnis: Warum Finanzexperten über
die Wall Street schlendern 155

Geheimnis: Nach der Geisterstunde beginnt
der Reichtum: Halloween und die
Sell-in-summer-Strategie 158

Geheimnis: Die magischen zehn Monate:
Die 200-Tage-Linie 163
• Die 50-Wochen-Linie als Alternative..... 167

Geheimnis: Die RAR-Strategie 168

Geheimnis: Wie die US-Notenbank
Sie reich macht..................................... 170

Geheimnis: Die Best-of-30-Strategie......................... 174

Geheimnis: Ein Physiker entdeckt die
Zauberformel 176

IV. Wie Sie ohne Geldsorgen leben **178**

Ratschlag: Geldanlegen als
Berufsanfänger (20 bis 30 Jahre)............ 178
• Was Sie sonst noch bei Ihrer
Vermögensplanung beachten sollten ... 183
Ratschlag: Geldanlegen in der Mitte
des Lebens (30 bis 50 Jahre) 189

Ratschlag: Geldanlegen im Herbst
des Lebens (50 bis 67 Jahre) 191
• Der Auszahlungsplan 194

Ratschlag: Geldanlegen für Kinder und Enkel 199
Ratschlag: Geldanlegen für die Wechselfälle des
Lebens (Scheidung, Unfall, Krankheit)....200
Ratschlag: Geldanlegen für den Katastrophenfall 203
• Immobilien...204
• Gold...204
• Aktien 205
• Geldforderungen................................207
• Andere Wertanlagen 207

Anhang 210
Stichwortverzeichnis 210
Literatur...217

I. EINFÜHRUNG

Ihre Altersvorsorge und Ihre Finanzplanung sind von einer enormen Bedeutung für Ihr weiteres Leben; denn davon hängt ab, ob Sie Ihren Lebensabend in Ruhe genießen können oder ob Sie sich ständig Sorgen um Ihr Geld machen müssen. Denken Sie nur einmal darüber nach: Was Sie heute entscheiden, wird sich in 10, 20 oder 30 Jahren auswirken.

Wenn Sie großes Glück haben, verbringen Sie Ihren Lebensabend abgesichert und zufrieden in einem Traumhaus in der Eifel oder an einem anderen Ort, der Ihnen gefällt. Sie führen ein sorgenfreies und entspanntes Leben und können sich alles leisten, was Sie möchten. Wenn Sie jedoch Pech haben, keine Vorsorge getroffen haben und Sie Geldanlagen für eine langweilige und eher lästige Angelegenheit halten, dann kann es Ihnen unter Umständen so ergehen, dass Sie im Alter von der staatlichen Grundsicherung leben müssen. Vielleicht durchwühlen Sie im strömenden Regen Abfalleimer in Parks, nur um ein paar Pfandflaschen zu ergattern. Das mag überzogen und dramatisch klingen, aber wie wir noch sehen werden, sind einige dieser Zukunftsszenarios keineswegs so weit hergeholt, wie es auf den ersten Blick erscheinen mag. Durch den demografischen Wandel, der in Deutschland erhebliche Auswirkungen haben wird, werden die sozialen Sicherungssysteme in der Zukunft viel weniger belastungsfähig sein. Sie müssen sich schon jetzt darauf einstellen, dass das bisherige Niveau drastisch sinken wird.

In einigen Jahren werden so viele Menschen in den Ruhestand gehen, dass die gesetzliche Rente allein nicht mehr ausreicht, um den gewohnten Lebensstandard aufrechtzuerhalten. Von der gesetzlichen Rente wird niemand mehr leben können. Die geburtenstarken Jahrgänge der Sechzigerjahre werden das Rentensystem vor völlig neue Herausforderungen stellen. Seien Sie daher gewappnet und bereiten Sie sich bereits jetzt gewissenhaft und sorgfältig auf diese kritische Situation vor.

Dieses Buch zeigt Ihnen, worauf es ankommt, wie Sie bei Ihrer Altersvorsorge vorgehen können und welche Wege es gibt, um ein sicheres Auskommen im Alter zu haben. Nur eines müssen Sie tun: Fangen Sie noch heute an; lesen Sie dieses Buch nicht einfach nur durch und legen es anschließend beiseite, sondern handeln Sie. Setzen Sie Ihre Pläne in konkrete Einzelschritte um. Seien Sie konsequent und zögern Sie nicht. Sie müssen für eine Zukunft gewappnet sein, die Ihnen viele Überraschungen bescheren wird. Die Geldanlage ist bei Weitem nicht so schwer, wie Sie vielleicht denken. Schon ein paar einfache Hinweise können Ihnen helfen, die richtige Entscheidung zu treffen. Deshalb würde ich mich freuen, wenn Sie sich für dieses Buch Zeit nehmen. Informieren Sie sich darüber, was die größten Irrtümer der Geldanlage sind, und finden Sie Schritt für Schritt heraus, was sich langfristig bewährt hat. Bei diesem Thema geht es um etwas ganz Entscheidendes: nämlich um Ihre persönliche Zukunft und um Ihr Wohlergehen.

Treten wir also unsere abenteuerliche Reise durch die bunte und spannende Welt der Finanzen an. Ich begleite Sie auf dieser Fahrt. Sie werden sehen, eine solche Reise kann spannender sein als ein Thriller.

DIE PLANUNG
DER ALTERSVORSORGE

Als Erstes sollten Sie etwas zum Schreiben in die Hand nehmen; denn es ist wichtig, dass Sie Ihre Pläne notieren und Ihre Ideen und Entwürfe festhalten, ehe Sie diese Gedanken wieder vergessen.

Nehmen Sie am besten ein Heft oder – noch besser – einen Spiralblock oder verwenden Sie eine Software, die es Ihnen ermöglicht, ausführliche Notizen zu machen.

Auf die erste Seite schreiben Sie „Finanzplan" oder einen Titel, der Ihren Wünschen und Vorstellungen gerecht wird.

Die meisten Menschen machen sich kaum irgendwelche Gedanken über eine Lebens- und Finanzplanung (zumindest nicht für einen längeren Zeitraum). Stattdessen bemühen die meisten sich, ein einigermaßen ausgeglichenes Verhältnis von Einnahmen und Ausgaben zu erreichen. Sie haben vielleicht schon einmal bemerkt, dass am letzten Samstag im Monat in Supermärkten bisweilen eine ungewöhnliche Leere herrscht. Ein ganz anderes Bild präsentiert sich dem Einkäufer in der ersten Monatswoche: Lange Schlangen bilden sich, allenthalben findet man dichtes Gedränge vor.

Viele verzichten darauf, eine sorgfältige monatliche Planung vorzunehmen, und sind daher am Monatsende nicht selten knapp bei Kasse.

Wenn Sie wirklich abgesichert sein wollen, müssen Sie nicht nur die einzelnen Monate planen, sondern einen durchdachten Gesamtentwurf für die nächsten Jahre und Jahrzehnte entwickeln.

Sie mögen eventuell einwenden, dass man für die Altersvorsorge fundierte und umfangreiche Fachkenntnisse aus dem Bereich der Wirtschaftswissenschaften benötigt, dass man sich mit Mikro- und Makroökonomik, mit Bilanzen und Investitionen befassen muss. Das ist ein weit verbreiteter Irrtum. Allzu viel Theorie verstellt nämlich den Blick für die Realitäten, die in der Wirtschaft ausschlaggebend sind.

Lassen Sie sich nicht beirren: Auch Sie können es schaffen, angemessen für Ihr Alter vorzusorgen.

TIPPS UND HINWEISE

Nehmen Sie nun einen Stift und schreiben Sie spontan in Ihr Heft (oder in Ihr Notizbuch) die finanziellen Ziele, die Sie in Ihrem Leben auf jeden Fall erreichen wollen. Formulieren Sie genau; denn je präziser und anschaulicher Ihre Wünsche und Bedürfnisse formuliert sind, desto leichter wird es nachher sein, Wege zu finden, die zu Ihren Zielen führen. Schreiben Sie folglich nicht: „Ein ausreichendes Auskommen im Alter", sondern „ich möchte 1.500 Euro zusätzlich im Monat haben".

Diese Aufgabe dient dazu, dass Sie sich mit Ihren Wünschen intensiver beschäftigen und sich weitergehende Gedanken machen. Anschließend sollten Sie angeben, in welchem Zeitraum Sie diese finanziellen Ziele erreichen wollen.

Wenn Sie diese Aufgaben erledigt haben, sind Sie bereits einen großen Schritt vorangekommen: Sie wissen nun wenigstens, was Sie wollen und anstreben.

Bevor wir nun nach Methoden suchen, um Ihre Ziele zu realisieren, sollten wir uns einige grundsätzliche Gedanken über den Wohlstand machen.

Unzählige Menschen träumen davon, in Wohlstand und Sicherheit zu leben. Die Mehrheit aber harrt in schlecht bezahlten und unbefriedigenden Jobs aus. Das Gehalt reicht gerade aus, um die Miete, die Nebenkosten, das Auto, die sonstigen Ausgaben und den Jahresurlaub zu finanzieren.

Wenn Sie Ihr Lebensgehalt hochrechnen (selbst wenn man die Inflation außer Acht lässt), werden Sie ernüchtert und desillusioniert feststellen, dass Sie als Angestellter oder Beamter kaum über mehrere hunderttausend Euro hinauskommen. Sie müssen froh sein, wenn Sie im Alter von 60 oder 67 Jahren Ihre Eigentumswohnung oder Ihr Haus endlich abbezahlt haben. Nicht wenige Hausbesitzer werden von den Hypotheken fast erdrückt und müssen selbst an wichtigen Dingen eisern sparen.

Lassen Sie es nicht so weit kommen. Fangen Sie noch heute an, sich ernsthafte Gedanken über Ihre Finanzen und Ihre Altersvorsorge zu machen.

Die meisten Deutschen der älteren Generation können sich noch an die Währungsreform von 1948 erinnern, die ganze Vermögen zunichtemachte (sofern man keine Sachwerte besaß). Viele, die nach 1945 vertrieben worden waren, konnten nur einen Rucksack mit Habseligkeiten mitnehmen und verloren ihren gesamten Besitz. Dieses Trauma ist selbst späteren Generationen, die in Wohlstand und sozialer Sicherheit aufgewachsen sind, noch im Unbewussten präsent.

EINFÜHRUNG

Die heutigen Generationen kennen eine solche bittere Not nur noch aus den Geschichtsbüchern und den Erzählungen der Großeltern.

Auch wenn unserer Epoche solche harten Zeiten fremd sind, sollten wir dennoch für die Zukunft gerüstet sein: Ihre langfristige Lebens- und Finanzplanung wird darüber entscheiden, ob Sie in einer Sozialwohnung von der staatlichen Grundsicherung leben müssen oder ob Sie Ihren Lebensabend unbesorgt genießen können.

TIPPS UND HINWEISE
Daher sollten Sie Ihre Finanzplanung noch etwas verfeinern:
1. Schreiben Sie alle Ziele, die Sie sich vorgenommen haben, in Ihr Heft (Ihren Lebens- und Finanzplaner). Blockieren Sie sich nicht selbst, indem Sie Ziele vorschnell verwerfen. Lassen Sie alle Ideen und Gedanken zu und notieren Sie diese. Auch scheinbar unrealistische Wünsche oder Ideen können durchaus umgesetzt werden, wenn Sie nach Lösungsmöglichkeiten suchen.
2. Erstellen Sie eine Liste in zeitlicher Reihenfolge, und setzen Sie das am leichtesten erreichbare Ziel an erster Stelle und das schwerste an letzter.

Nun haben Sie schon eine konkretere Vorstellung von dem, was Sie finanziell erreichen möchten.

Viele Menschen beginnen – wenn Sie Ihr Leben im Rückblick betrachten – mit dem verhängnisvollen Satz: „Hätte ich doch damals..."

Lassen Sie nicht zu, dass Ihre Vergangenheit zum Hemmschuh für Ihre persönliche Entwicklung wird. Was vergangen ist, können Sie im Nachhinein nicht mehr ändern. Aber die Gegenwart und die Zukunft können Sie aktiv gestalten.

Ich möchte Ihnen noch ein Gedankenspiel nahelegen, das Ihnen hilft, sich Ihrer Ziele und Bestrebungen bewusst zu werden:

TIPPS UND HINWEISE

Schlagen Sie eine neue Seite in Ihrem Heft auf, und zeichnen Sie eine Gerade mit einem Pfeil auf der rechten Seite:

→ Ihr Geburtsdatum

→ heutiges Datum

→ Ihren Todestag

Dann markieren Sie auf der Geraden einen Punkt als Ihr Geburtsdatum, das Sie daneben notieren. Am anderen Ende des Pfeils kreuzen Sie eine Stelle an, die Ihr mutmaßliches Todesdatum symbolisiert. Dieser Gedanke mag Sie erschrecken und ängstigen, bedenken Sie jedoch, dass Ihr Leben endlich ist und dass Sie es sinnvoll gestalten sollten. Es geht darum das Sie glücklich und zufrieden leben und alle Ihre Möglichkeiten ausschöpfen.

Dann kreuzen Sie noch das heutige Datum auf der Geraden an. Sie haben nun bildlich vor Augen, wie viel Zeit Ihnen noch bleibt.

Wünschen Sie sich ein kleines Häuschen im Allgäu oder eine malerische Finca auf Mallorca? Möchten Sie lieber in einem Apartment in München wohnen oder in einer Eigentumswohnung in Lüneburg. Beschreiben Sie die Größe des Grundstücks und stellen Sie sich vor, Sie lebten bereits dort.

Vervollständigen Sie die Liste weiter:
→ Wie sieht Ihr Alltag im Alter aus?
→ Was möchten Sie unternehmen?
→ Sind Ihnen Reisen wichtig?
→ Möchten Sie Hobbys pflegen oder Sport treiben?
→ Einen anderen Beruf ausüben?
→ Ihre Enkel betreuen?
Lassen Sie Ihrer Fantasie freien Lauf und erstellen Sie eine möglichst lange Liste, die alles umfasst, was Ihnen wichtig ist.

Nachdem Sie Ihre Liste vervollständigt und Sie alle Wünsche notiert haben, entwickeln Sie einen Zeitplan, der angibt, wann Sie Ihr finanzielles Ziel erreicht haben wollen. Nehmen wir einmal an, Sie geben sich für die Verwirklichung aller Projekte 20 Jahre. Planen Sie genau, und muten Sie sich anfangs nicht zu viel zu. Später werden Sie sehen, dass Ihr Zeitplan möglicherweise geändert werden muss, aber dennoch ist er als vorläufige Skizze wichtig, weil er Ihnen einen Orientierungsrahmen gibt, der Sie anspornt und motiviert.

Sie haben nun bereits einen großen Schritt getan und einen Plan erstellt, der Ihnen hilft. Im Folgenden gehen wir nun auf die einzelnen Möglichkeiten ein, wie Sie Ihre Altersvorsorge gestalten können.

WARUM WIRD DIE PRIVATE ALTERSVORSORGE IMMER WICHTIGER?

Wir hatten seit 1945 eine stabile und relativ wachstumsstarke Wirtschaft, die für Wohlstand sorgte. Selten gab es in der Geschichte eine so lange und ausgedehnte Friedensperiode, in der das erworbene Vermögen problemlos an die nachfolgenden Generationen weitergegeben werden konnte. Millionen von Menschen konnten durch ihren Fleiß und ihre Arbeit Wohlstand und Sicherheit schaffen.

Doch damit könnte es leider bald vorbei sein. In der Geschichte sind längere Epochen, die konfliktfrei und ohne große Verwerfungen verliefen, eine Rarität. Es kommen härtere Zeiten.

Für diese Annahme gibt es zahlreiche Indizien, die Sie nicht übersehen sollten. Von Jahrzehnt zu Jahrzehnt hat das Wirtschaftswachstum in Deutschland beständig abgenommen.

Während in den Fünfzigerjahren die Wirtschaft unaufhörlich boomte und man sogar von einem Wirtschaftswunder sprach und auch in den Sechzigerjahren Wachstumsraten von über vier Prozent keine Seltenheit waren, kam es in den nachfolgenden Dekaden bereits zu deutlichen Einbußen und Rezessionen.

Die Siebzigerjahre waren geprägt von der alles beherrschenden Ölkrise, die hohe Inflationsraten nach sich zog. Obwohl die Medien damals ein geradezu apokalyptisches Bild vom Wirtschaftswachstum und den zur Neige gehenden Rohstoffen zeichneten, wirkt die Dekade im Rückblick trotz der vielen Turbulenzen und Auseinandersetzungen fast noch idyllisch.

In den Achtzigerjahren fiel das Wirtschaftswachstum weiter zurück. Dank erheblich sinkender Ölpreise konnte sich aber Ende des Jahrzehnts der Wohlstand noch mehren. Eine deutliche Zäsur bedeutete der Fall der Mauer: Eine ganze Epoche, die vom kalten Krieg geprägt war, ging zu Ende.

Nach der Wiedervereinigung musste Deutschland erhebliche finanzielle Lasten schultern und Tausende von Unternehmen im Osten innerhalb weniger Jahre abwickeln. Die Arbeitslosenquote schnellte empor, und das Wirtschaftswachstum erlahmte. Noch heute ist die Wirtschaftsleistung im Osten trotz des Solidaritätszuschlags niedriger als im Westteil des Landes. Vor der Jahrtausendwende galt Deutschland schließlich als der „kranke Mann" in Europa und bildete eines der Schlusslichter in Europa. Das Wirtschaftswachstum erreichte lediglich minimale Raten knapp über der Nullmarke.

Die Zustände in Deutschland waren langfristig unhaltbar; denn das Land wäre immer weiter im internationalen Wettbewerb zurückgefallen. Um dies zu verändern, führte die rot-grüne Koalition die Agenda 2010 ein, die mit harschen Einschnitten in das Sozialsystem verbunden war. Über den Erfolg oder Misserfolg dieser Reform kann man durchaus geteilter Meinung sein.

Zumindest die Wettbewerbsfähigkeit Deutschlands wurde international wiederhergestellt. Allerdings war der

Preis dafür äußerst hoch. Reale Lohnsteigerungen gab es mehr als ein Jahrzehnt nicht mehr. In keinem Land Europas und selbst weltweit musste die Bevölkerung eine solche Stagnation der Löhne und Gehälter hinnehmen. Noch heute ist die Kaufkraft kaum höher als nach der Jahrtausendwende. Doch der Kahlschlag ging noch erheblich weiter. Selbst in der einst sicheren Bastion „Mittelschicht" wuchsen die Ängste. Wer seine Arbeit verlor, konnte allenfalls ein Jahr auf Unterstützung durch die Arbeitslosenversicherung hoffen. Danach begann der dramatische Abstieg. Sämtliches Vermögen bis auf geringe Ausnahmen wurde angerechnet. Schon nach einem Jahr mussten die Betroffenen mit Arbeitslosengeld II (Hartz IV) vorliebnehmen. Fragwürdige Ein-Euro-Jobs und harte Sanktionen verunsicherten breite Bevölkerungskreise.

In den folgenden Jahren stabilisierte sich das Wirtschaftswachstum, und Deutschland wurde zu einem Vorbild in Europa.

Doch mit der verhängnisvollen Krise von 2008 und den zahlreichen Turbulenzen des Euro kehrten die mageren Jahre zurück. Zwar blieb Deutschland in Europa die Konjunkturlokomotive, aber ein Großteil der Eurozone versank in einer schweren Rezession, von der sich etliche Staaten bis heute nicht erholt haben.

In Zukunft werden die Wachstumsraten weiterhin bescheiden bleiben. Der neu aufflammende Ost-West-Konflikt, die Unruhen im Nahen Osten und die mangelnde Wettbewerbsfähigkeit vieler Staaten in der Eurozone werden den alten Kontinent zu einer No-Go-Area für viele Investoren machen.

DAS RENTENSYSTEM
IN DER KRISE

Auch in Zukunft wird es – ausgehend von dem hohen Niveau, das in den vielen Nachkriegsjahrzehnten erreicht wurde – immer schwieriger, ein hohes und dynamisches Wirtschaftswachstum beizubehalten. Etliche Märkte sind bereits gesättigt, und es mangelt an bahnbrechenden Innovationen in Deutschland, die es ermöglichen, neue Marktsegmente zu erschließen. Einige wichtige Zukunftsbranchen wie der IT-Sektor und die Biotechnologie sind in Deutschland völlig vernachlässigt worden.

Das permanent niedrige Wirtschaftswachstum in der Eurozone und die hohe Staatsverschuldung in manchen Ländern fordern ihren Tribut. Der Sozialstaat wird nicht mehr in der Lage sein, alle Risiken aufzufangen und die Verarmung zu verhindern.

Die Kluft zwischen Arm und Reich wird deutlich zunehmen. Die euphorische Aufbruchsstimmung der Fünfziger- und Sechzigerjahre des vergangenen Jahrhunderts ist einer deutlichen Ernüchterung gewichen. Sie können nicht mehr davon ausgehen, dass Ihre staatliche Rente für Ihren Lebensunterhalt ausreichen wird. Sie müssen damit rechnen, dass die Sozialleistungen in den kommenden Jahren reduziert und eingeschränkt werden.

Die Entwicklung zeichnet sich bereits jetzt ab. 2015 muss die Bundesregierung für die Alterssicherungssysteme mehr als 108 Milliarden Euro aufwenden; allein für die gesetzliche Rentenversicherung belaufen sich die Zuschüsse auf 85 Milliarden Euro. Und hierbei handelt es sich nur um Zuschüsse, die eine Krise des Rentensystems verhindern, das eigentlich auf den Sozialversicherungsbeiträgen beruht.

Dieser Etat macht ein Vielfaches dessen aus, was für Forschung, Wissenschaft und Bildung ausgegeben wird. Ein Land, das für seine Rentenversicherung (und hierbei sind Beamtenpensionen noch nicht berücksichtigt) als Zuschuss mehr als 100 Milliarden Euro aufwenden muss, obwohl das System sich überwiegend selbst durch Beiträge finanzieren sollte, ist nicht mehr zukunftsorientiert.[1] Der Zuschuss des Bundes, der anfangs nur eine vorübergehende Maßnahme zur Stützung sein sollte, hat sich innerhalb von zwei Jahrzehnten verdoppelt.[2] Angesichts der geburtenstarken Jahrgänge der Sechzigerjahre, die in den Ruhestand drängen, könnte das System irgendwann am Ende sein. Dann dürfte eine staatliche Grundrente mit leistungsabhängigen Komponenten früher oder später eingeführt werden.[3]

Die Zuschüsse für die gesetzliche Rentenversicherung sind schon heute mit großem Abstand der größte Etatposten im Staatshaushalt.

Die Leistungen aus der gesetzlichen Rentenversicherung reichen nicht mehr aus, um den Lebensunterhalt abzudecken.

Im Jahr 2030 bekommt ein Rentner mit einem Durchschnittsgehalt nach rund 32 Jahren Berufstätigkeit nur das Niveau der Grundsicherung von monatlich 690 Euro.[4] Die meisten Rentner, die auf Grundsicherung angewiesen sind, leben derzeit übrigens in Hamburg.

Dort sind 6,8 Prozent aller Rentner von staatlicher Hilfe abhängig. Ende 2013 bezogen 499.000 Menschen in Deutschland ab einem Alter von 65 Jahren die Grundsicherung.[5]

Grundsätzlich geht die gesetzliche Rentenversicherung von einer Beschäftigungsdauer von 45 Jahren aus. Dieser sogenannte „Eckrentner" wird aber immer mehr zu einer Fiktion. Denn die Ansprüche im Berufsleben steigen.

Ein Bachelor ist für anspruchsvolle Führungspositionen schon heute nicht mehr ausreichend – ein Masterabschluss sollte es schon sein. Hinzu kommen zahlreiche Auslands- und Inlandspraktika, Berufswechsel und längere Zeiten der Weiterqualifizierung, temporäre Arbeitslosigkeit sowie Eltern- und Pflegezeiten. Kaum jemand kann heute mit einem Berufsleben von 45 ununterbrochenen Beitragsjahren rechnen.[6] Der Eintritt in die Arbeitswelt erfolgt heute – auch bei einem zügig abgeschlossenen Studium und einer möglichen zusätzlichen Berufsausbildung – erst mit Ende 20. Die Chancen, jeweils 45 Beitragsjahre zu erreichen, sind also äußerst gering. Insbesondere Frauen schaffen es so gut wie nie, eine solche Erwerbsbiografie vorzuweisen, da sie noch immer in der Familie den überwiegenden Teil der Erziehungsaufgaben übernehmen.

Geringverdiener, die knapp über dem Mindestlohn von 8,50 Euro liegen, haben keinerlei Aussicht, jemals über die Grundsicherung hinauszukommen.[7]

Im Gegenteil: Bei einem Bruttogehalt von 1.450 Euro müsste jemand mehr als 63 Jahre (!) arbeiten, nur um eine monatliche gesetzliche Rente in Höhe von 690 Euro zu bekommen. Und seien wir ehrlich: 690 Euro sind zum Sterben zu viel und zum Leben zu wenig. In einer Großstadt würden allein die Mieten mit den Nebenkosten einen Großteil dieser Rente verschlingen. Auch eine zusätzlich abgeschlossene Riester-Rente, die bei einem solchen Einkommen wohl kaum erschwinglich wäre, würde nichts daran ändern: Die Zusatzrente wird nämlich voll angerechnet. Der Betreffende bekäme trotzdem nur magere 690 Euro.[8]

16 Prozent der Bevölkerung können sich ohnehin kaum eine zusätzliche Altersvorsorge leisten, da ihnen am Monatsende kaum etwas vom Lohn übrig bleibt.[9]

→ Auch wer das Durchschnittseinkommen von derzeit rund 3.000 Euro bezieht, wird kaum 45 Beschäftigungsjahre vorweisen können. Auch hier droht unvermeidlich Altersarmut.

→ Bei einem unterdurchschnittlichen monatlichen Bruttogehalt von 2.300 Euro muss jemand rund 40 Jahre arbeiten, nur um monatlich 690 Euro Rente zu erhalten. Wie wollen Sie mit einem solchen Einkommen überleben?

→ Auch Durchschnittsverdiener haben es nicht leichter. Die sogenannte Standardrente, die von einem Durchschnittsverdienst von 3.000 Euro Bruttogehalt im Monat und von 45 Beitragsjahren ausgeht, beträgt im Jahr 2014 gerade einmal 1.277 Euro monatlich in den alten Bundesländern.

Wer kann von einer solchen Rente im teuren München schon leben?

Im Durchschnitt beträgt die Versorgungslücke 806 Euro im Monat.

Vor allem in Regionen mit hohen Lebenshaltungskosten wie in Teilen Bayerns, Baden-Württembergs und Hessens sowie in Metropolen wie Hamburg, Köln und Düsseldorf laufen auch wohlsituierte Gutverdiener Gefahr, im Alter ihren Lebensstandard nicht halten zu können.[10]

In Ostdeutschland besteht das Problem vor allem darin, dass die Einkommen zu niedrig sind. In Sachsen-Anhalt decken die Bezüge im Ruhestand nur rund 74 Prozent des letzten Gehalts ab.

Besonders hart betroffen sind Frauen. Aufgrund der Kindererziehung können sie selten eine lückenlose Erwerbsbiografie vorweisen. In den alten Bundesländern liegt die durchschnittliche Rente von Frauen bei nur 676 Euro, während Männer auf 1.044 Euro kommen.[11]

In beiden Fällen ist es nahezu unmöglich, in teuren Ballungsgebieten wie Stuttgart, Frankfurt, Düsseldorf, München oder Hamburg über die Runden zu kommen.

Eine zusätzliche betriebliche Altersversorgung wird kaum Abhilfe schaffen; denn bei dem derzeitigen Niedrigzinsniveau dürften die Betriebsrenten kaum ausreichen.

Weltweit betrachtet ist das deutsche System der Rentenversicherung wenig lukrativ.[12] Auf Platz 1 steht übrigens Dänemark, wie der Melbourne Mercer Global Pension Index 2014 belegt. Dänemark zeichnet sich durch ein solides Altersvorsorgesystem aus, das durch ein hohes Beitragsniveau gestützt wird. Deutschland ist in diesem weltweiten Ranking der staatlichen Rentensysteme nur Mittelmaß und belegt Platz 11.

Experten kritisieren, dass hierzulande Geringverdiener im System der Rentenversicherung erheblich benachteiligt werden. Außerdem wird in Deutschland die betriebliche Altersversorgung zu wenig gefördert. Es gibt allerdings Staaten, in denen es überhaupt kein oder nur ein unzulängliches Rentensystem gibt – hierzu gehören Indien, Südkorea und Japan.

Die Situation ist insgesamt betrachtet dramatisch, was auch auf die Bevölkerungsentwicklung zurückgeführt werden kann: Heute ist jeder Fünfte über 65 Jahre alt. Doch die Demografie wird diese Relation erheblich verschieben; im Jahr 2040 wird bereits jeder Dritte über 65 Jahre alt sein. Während gegenwärtig drei Arbeitnehmer die Rente absichern, werden in zwei Jahrzehnten nur noch zwei Beschäftigte für die Rente einer Person aufkommen.

Die gesetzliche Rente wird außerdem zunehmend besteuert. Während im Jahr 2014 der Freibetrag noch bei 68 Prozent lag, werden Rentner, die im Jahr 2040 in den Ruhestand gehen, den gesamten Betrag der Rente versteuern müssen.

Darüber hinaus werden auf die gesetzliche Rente ermäßigte Sozialversicherungsbeiträge für die Kranken- und die Pflegeversicherung erhoben.[13] Wer vor Renteneintritt nur freiwillig gesetzlich krankenversichert war, entrichtet den kompletten Beitrag für die Kranken- und Pflegeversicherung. Allein der Krankenkassenbeitrag beläuft sich auf mindestens 14,9 Prozent zuzüglich eines möglichen Beitrags, der von der jeweiligen Krankenkasse festgelegt wird.

Die Ausgaben für die Grundsicherung im Alter werden in Zukunft beträchtlich steigen.

Prognosen zufolge werden im Jahr 2018 mehr als 7,1 Milliarden Euro für diese staatliche Hilfe aufgewendet werden müssen.[14] In den kommenden Jahren werden die Ausgaben um jährlich sieben Prozent zulegen.[15]

DIE GEFAHR
DER ALTERSARMUT

Die Angst vor der Altersarmut nimmt immer mehr zu. Inzwischen fürchtet sich bereits die Hälfte der 25- bis 35-Jährigen davor, in die Altersarmut abzurutschen.[16]

Obwohl in Ostdeutschland zurzeit die Altersarmut noch verhalten ist, wird sich dies in Zukunft erheblich ändern.

Nach 1990 waren in manchen Regionen mehr als 20 Prozent der Bevölkerung arbeitslos. Die Beiträge, die in die gesetzliche Rentenversicherung einbezahlt wurden, ergeben nach zehn Jahren lediglich einen monatlichen Rentenanspruch von rund 22 Euro.[17]

Eine DGB-Studie aus Nordrhein-Westfalen fand heraus, dass dort jeder dritte Rentenversicherte Gefahr läuft, in der Altersarmut zu enden.[18]

Schuld daran sind der ausufernde Niedriglohnsektor sowie Mini- und Teilzeitjobs, die sich immer mehr ausbreiten. Jeder vierte Arbeitnehmer hat in Nordrhein-Westfalen keine unbefristete Vollzeittätigkeit mehr.

Fazit: Damit Sie selbst nicht in der Altersarmut enden, ist es sehr wichtig, dass Sie sich ausführlich mit Ihrer Altersvorsorge befassen und eine sichere Planung vornehmen. Überlassen Sie Ihre Finanzen nicht dem Zufall. Sie müssen für eine Zukunft gewappnet sein, die Ihnen nicht mehr das gewohnte Maß an sozialer Sicherheit bietet. Die Geldanlage ist keineswegs eine so große Herausforderung, wie Sie vielleicht denken mögen. Schon einige wenige Entscheidungen können Ihnen helfen.

Viele Menschen planen wochenlang ihren Urlaub, studieren jedes Detail und durchforsten Hunderte von Reisekatalogen. Im Internet werden die neuesten Bewertungen der besten Hotels gesucht. Unzählige Stunden verbringen manche damit, eine neue Kaffeemaschine zu suchen oder ein Wellness-Wochenende zu buchen.

Geldfragen hingegen werden in ein paar Minuten abgewickelt. Ein kurzes Gespräch mit dem Bankberater, ein bisschen Smalltalk mit dem Versicherungsvertreter und schon, denken die meisten, sei die Sache erledigt. Doch das ist verhängnisvoll.

Jede finanzielle Entscheidung, die Sie unüberlegt und voreilig treffen, wird in 10, 20 oder 30 Jahren darüber entscheiden, ob Sie in Armut leben oder die Früchte Ihres Lebenswerks genießen können. Es geht letztlich um Ihre Zukunft.

Lassen Sie uns also die abenteuerliche Reise durch die Welt der Finanzen antreten. Im Folgenden erfahren Sie, welche weit verbreiteten Irrtümer über Geldanlagen bestehen. Häufig werden solche Ansichten von Generation zu Generation, ohne sie zu hinterfragen, weitergegeben. Doch nicht selten sind die Ansichten nur teilweise richtig oder völlig falsch. Ich möchte Ihnen daher einen schonungslosen Blick hinter die schillernden Kulissen der Finanzwelt vermitteln, damit Sie sich ein objektives Bild von den wahren Verhältnissen machen können.

WAS SIE STETS BEACHTEN SOLLTEN:

II. DIE GRÖSSTEN IRRTÜMER ÜBER GELDANLAGEN

 IRRTUM:

DAS SPARBUCH IST DIE SICHERSTE ANLAGE

Einer der größten und gängigsten Irrtümer ist die Annahme, ein Sparbuch sei sicher. In Deutschland genießt dieses altehrwürdige Anlage-Instrument aus Omas Zeiten schon fast Kultstatus, und von Flensburg bis nach Oberammergau wird das Sparbuch als das Nonplusultra der Geldanlage angesehen: sicher, zuverlässig, verzinst und solide. Doch der Schein trügt.

Das erste Problem: Die Rendite ist viel zu niedrig. Seitdem der Präsident der Europäischen Zentralbank, Mario Draghi, die Leitzinsen auf das historische Rekordtief von 0,05 Prozent gesenkt hat, bringen herkömmliche Geldanlagen kaum noch eine vernünftige Rendite. Die Zinsen auf dem Sparbuch sind derart bescheiden, dass es sich nicht mehr lohnt, auf diese Weise Geld anzulegen.

Wenn Sie glauben, Sie könnten Ihre Altersvorsorge und Ihre finanzielle Absicherung mit einem Sparbuch realisieren, dann werden Sie bitter enttäuscht werden.

Um langfristig von Ihren Erträgen leben zu können und um Ihre karge staatliche Rente aufzubessern, müssen Sie mindestens eine Rendite von vier oder fünf Prozent jährlich erzielen. Eine niedrigere Verzinsung können Sie nur durch höhere Sparraten und Konsumverzicht ausgleichen. Ich werde Ihnen in den folgenden Kapiteln genau erläutern, wie hoch Ihre Sparrate sein muss, damit Sie einigermaßen unbeschadet durch die schwierigen und turbulenten Jahrzehnte kommen, die uns bevorstehen.

Alles in allem ist der Klassiker „Sparbuch" für die finanzielle Vorsorge völlig ungeeignet. Es kommt aber noch ein meist unterschätztes Risiko hinzu: Wenn Sie Geld auf einem Sparbuch anlegen, dann verwaltet die Bank nicht einfach diese Summe, wie Sie wahrscheinlich vermuten, sondern verleiht sie zu höheren Zinsen an andere Kunden.

> **TIPPS UND HINWEISE**
> Rechtlich betrachtet, ist ein Sparbuch eine Forderung und kein Eigentumsrecht.

Dieser Aspekt ist von herausragender und entscheidender Bedeutung. Wenn nämlich eine Bank zahlungsunfähig wird, ist auch Ihr Sparbuch plötzlich nichts mehr wert. Sie verlieren alles.

An dieser Stelle wird gerne beteuert, es gebe eine private und eine staatliche Einlagensicherung, die mindes-

IRRTÜMER

tens 100.000 Euro abdeckt. Das ist nicht ganz richtig; denn hier spielen die Details eine maßgebliche Rolle.

Sie werden erstaunt sein: Eine staatliche Einlagensicherung gibt es nicht! Sie haben richtig gelesen. Die sogenannte staatliche Einlagensicherung ist lediglich ein Gesetz, das die Banken verpflichtet, ausreichend Vorsorge für den Insolvenzfall zu treffen. Der Staat haftet grundsätzlich für nichts. Das könnte er auch gar nicht; denn käme es zu einem großen Bankencrash oder einer verheerenden Weltwirtschaftskrise, würden Billionenbeträge fällig, die jeden Staat überforderten. Noch wesentlich schlechter ist es um die zusätzliche private Einlagensicherung bestellt, die im Zweifelsfall nur ein paar mittelgroße Banken auffangen könnte.

Nun werden Sie einwenden, dass dies doch ein eher unrealistisches Szenario sei und dass eine solche Insolvenz des Bankensektors als unwahrscheinlich gelten könne. Vielleicht haben Sie Recht. Aber bedenken Sie bitte Folgendes: In der Eurozone sind einige Staaten erheblich verschuldet; viele faule und uneinbringliche Kredite, die sich im Laufe der Zeit angesammelt haben, sind lediglich in sogenannte Bad Banks ausgelagert und verschoben worden. In den Bilanzen der Kreditinstitute schlummern Derivate, deren Wert auf mehrere Hundert Billionen beziffert wird. Dieses Volumen übersteigt das Weltbruttosozialprodukt um fast das Zehnfache.

TIPPS UND HINWEISE
Keine Bank weiß im Grunde, was geschieht, wenn einige dieser Papiere fällig werden; denn es handelt sich um komplizierte und kaum durchschaubare Wetten auf die Finanzmärkte.

Um Ihnen die Größenordnung zu verdeutlichen: In Deutschland gibt es lediglich etwas mehr als 1.000 börsennotierte deutsche Aktiengesellschaften (tatsächlich werden über 10.000 verschiedene Aktien gehandelt, die aber vorwiegend US-Werte und andere ausländische Aktien sind). Die Zahl der Derivate, die offiziell an den staatlichen Börsenplätzen notieren, beläuft sich aber auf mehrere Hunderttausend. Hinzu kommen weitere Derivate, die im OTC-Handel (Over the Counter) – also gleichsam von Bank zu Bank im Verborgenen – im Umlauf sind. Inzwischen wird es angesichts der unüberschaubaren Komplexität dieser Instrumente immer schwieriger einzuschätzen, was geschieht, wenn manche dieser Finanzwetten fällig werden. Würde durch eine schwere Wirtschaftskrise die Lage außer Kontrolle geraten, könnten diese Derivate zahlreiche Banken in den Abgrund reißen.

Was viele auch nicht wissen: Banken haben die Möglichkeiten der Geldschöpfung. Wenn Sie einer Bank einen Euro über das Sparbuch oder das Girokonto leihen, kann diese dafür 100 Euro zu hohen Zinsen weiterverleihen. Diese wundersame Geldvermehrung sorgt dafür, dass Banken für Krisen jedweder Art besonders anfällig sind.

Einige Staaten sind zudem so hoch verschuldet, dass ein Schuldenschnitt nicht ausgeschlossen werden kann. Im Notfall wären etliche Kredite, die auch Deutschland an solche klammen Euroländer vergeben hat, völlig wertlos. Käme es in der Eurozone zu einer ungebremsten Kettenreaktion, würde sicher sehr schnell auf die Einlagen der Sparer zurückgegriffen.

Als auf Zypern 2013 die Finanzkrise ausbrach, sollten nach einem Beschluss der EU-Finanzminister am Wochenende in Brüssel sämtliche Bankguthaben ab einem bestimmten Guthaben für die Krise haften. Erst nach heftigen und erbitterten Protesten aus Zypern wurde die Grenze auf 100.000 Euro angehoben. Falls Sie nun erwidern: „Aber 100.000 Euro sind doch EU-weit vom Staat garantiert", dann kennen Sie noch nicht die verschlungenen Schleichwege, die in solchen Fällen beschritten werden. Die Abgabe wird nämlich nicht als Folge der Insolvenz angesehen, sondern als Sondersteuer. Mitgliedsstaaten in der Eurozone steht es frei, gleichsam über Nacht neue Steuern einzuführen, solange sie unter Beachtung rechtsstaatlicher Kriterien und eines korrekten Gesetzgebungsverfahrens zustandekommen. Durch diese Finesse vermeidet man aussichtsreiche Klagen. Die tatsächliche Enteignung aufgrund der Insolvenz wird als „Sondersteuer" behandelt.

Sicherlich ist die Situation in Deutschland eine wesentlich andere als auf Zypern oder in Griechenland. Ein solches Horrorszenario einer Enteignung über das Wochenende muss hierzulande wohl niemand befürchten. Aber dennoch sollten Sie sich die deutsche Geschichte in Erinnerung rufen.

Im Jahr 1923 kostete eine einzige Streichholzschachtel Milliarden Reichsmark, und im Jahr 1948 wurden zehn Reichsmark auf einem Sparbuch in eine D-Mark zwangsumgetauscht.

Man kann nie wissen, welche Auswirkungen die hohe Staatsverschuldung in der Eurozone langfristig hat oder welche ernsthaften geopolitischen Krisen uns in Osteuropa noch bevorstehen.

TIPPS UND HINWEISE
Unterscheiden Sie bei Ihrer finanziellen Vorsorge streng nach Forderungs- und nach Eigentumsrechten.

Wenn Sie der Bank Geld überlassen, haben Sie nur eine Forderung gegen die Bank. Sie sind Ihr Gläubiger.

Die Bank verleiht das Geld weiter, und wenn sie es nicht mehr zurückerhält, sind Sie der Verlierer. Das gilt übrigens auch für ein Girokonto. Das Geld auf Ihrem Girokonto wird nicht nur verwaltet, sondern aktiv verliehen.

Sie sollten auch noch Folgendes berücksichtigen: Eine Bank kann Geld schöpfen, indem sie Einlagen mehrfach verleiht. Diese wundersame und erstaunliche Geldschöpfung macht das gesamte Bankensystem anfällig für Krisen. Vielleicht haben Sie schon einmal in den Medien den Begriff „Kernkapitalquote" gehört. Er besagt, vereinfacht formuliert, wie viel eigenes Geld die Bank mit einbringt. Wie hoch schätzen Sie diesen Anteil? 30 Prozent vielleicht? 50 Prozent? Es sind bei guten Banken bescheidene fünf Prozent!

Das bedeutet: Eine Bank besteht zum überwiegenden Teil nur aus Krediten (ein Industrieunternehmen verfügt meist über ein Eigenkapital von 20 bis 30 Prozent). Würden Sie einem solchen Institut Geld leihen? Nein? Warum wählen Sie dann ein Sparbuch als Geldanlage?

Zugegeben: Viele Banken in Deutschland gelten als solide, und die Befürchtungen mögen vielleicht überzogen sein. Das gilt insbesondere für Banken, die über ein eigenständiges institutionelles Sicherungssystem verfügen. Dazu gehören die Sparkassen und die Volks- und Raiffeisenbanken, die genossenschaftlich organisiert sind. Bei ihnen müssen alle Institute einspringen, wenn eines ihrer Mitglieder in Not gerät.

Dennoch sollten Sie beachten, dass es auch bei diesen beiden Bankengruppen zu unerfreulichen Schieflagen kam. Denken Sie nur an die SachsenLB und die WestLB, die beide abgewickelt wurden. Die Landesbanken sind nämlich übergeordnete Institute der Sparkassen, für die sie haften.

Wiedergabe

TIPPS UND HINWEISE

Auch wenn für Deutschland nach menschlichem Ermessen keine akute Gefahr besteht, beherzigen Sie eine Regel: Setzen Sie bei Ihrer Altersvorsorge und Ihrer Finanzplanung überwiegend auf Eigentumsrechte (das sind Immobilien, Aktien und andere Anlageformen) und nicht auf Forderungen. Leihen Sie also – so weit möglich – Ihrer Bank kein Geld!

Wir werden im Folgenden noch sehen, welche Anlageformen sicherer und zuverlässiger sind als das Sparbuch.

Ein Eigentumsrecht ist grundsätzlich sicherer als eine Forderung; denn eine Enteignung durch den Staat ist an sehr hohe rechtliche Hürden gebunden.

Eine Aktie ist beispielsweise ein Anteil an einem Unternehmen. Dieser Anteil ist Ihr Eigentum. Ein Haus ist ein Eigentum.

Dasselbe gilt übrigens für alle Wertgegenstände, die Sie in einem Schließfach aufbewahren. Selbst wenn die Bank zahlungsunfähig ist, darf sie nicht einfach alle Schließfächer öffnen und die Wertgegenstände dem Insolvenzverwalter aushändigen. Die Inhalte in Ihrem Schließfach sind Ihr persönliches Eigentum – die Bank muss alles an Sie unverzüglich herausgeben.

Ich denke, dieses anschauliche Beispiel macht deutlich, wie wichtig die Unterscheidung zwischen einem Forderungs- und einem Eigentumsrecht ist. Setzen Sie für Ihre Altersvorsorge zum größten Teil auf Eigentum.

FAZIT

Verzichten Sie ohne Wenn und Aber auf das Sparbuch. Die Zinsen sind zu niedrig, und die Sperrfrist ist wenig kundenfreundlich ausgestaltet. Wenn Sie nämlich Ihr Sparbuch vorzeitig auflösen möchten, müssen Sie unter Umständen sogar der Bank etwas zahlen. Ob die Einlagensicherung einer schweren Krise in der Eurozone standhielte, ist fragwürdig.

Wenn Sie dennoch unbedingt ein Sparbuch für Ihre Kinder oder Enkel eröffnen wollen, dann stellen Sie zumindest einen Vergleich an, und suchen Sie sich eine Bank mit etwas höheren Zinsen.

IRRTÜMER

TIPPS UND HINWEISE

Einen objektiven Vergleich finden Sie beispielsweise auf dem Finanzportal www.fmh.de, das auch von renommierten Tageszeitungen und Zeitschriften genutzt wird.

Beachten Sie aber: Die Bank sollte ihren Sitz in Deutschland haben. Natürlich können auch Kreditinstitute in den Niederlanden oder in Österreich als relativ solide gelten. Sie müssen jedoch im Insolvenzfall Ihre Forderungen an die jeweiligen Landesbehörden richten, was (insbesondere bei einer Sprachbarriere) nicht einfach sein dürfte.

Alles in allem gilt: Das Sparbuch ist tot. Es gibt inzwischen weitaus bessere Angebote – auch bei den verzinslichen Produkten.

 IRRTUM:

IN EINER KRISE GEWINNT GOLD

Gold zieht die Menschen seit Jahrtausenden magisch an und hat in der Geschichte eine herausragende Rolle gespielt. Bei den alten Ägyptern durfte sogar nur der Pharao Gold besitzen. Im Verlauf der Jahrhunderte gab es jedoch immer wieder drakonische Goldverbote.

So war nicht nur im totalitären Sparta der Besitz von Gold verboten, sondern auch nach 1933. Wer damals Gold besaß und es nicht den Behörden übergab, musste in Deutschland mit der Todesstrafe rechnen.

Aber auch die USA belegten das gelbe Edelmetall nach der Weltwirtschaftskrise im Jahr 1933 mit einem umfassenden Goldverbot. Bankschließfächer durften nur noch in Gegenwart eines Beamten geöffnet werden, und wer nicht zum offiziellen Tauschkurs das Gold bei einer staatlichen Stelle abgegeben hatte, konnte mit einer Freiheitsstrafe belegt werden.

Kurioserweise blieb dieses Goldverbot, das für ein Land, das immer den freien Kapitalismus predigt, bis Mitte der Siebzigerjahre in Kraft. Dies ist erstaunlich, wenn man bedenkt, dass nach 1945 das sogenannte Währungssystem von Bretton Woods, das auf festen Tauschkursen zum US-Dollar beruhte, den Greenback an das gelbe Edelmetall band.[19] Als der US-Dollar in den Sechzigerjahren aufgrund der hohen Militärausgaben schwächelte, forderte Frankreich sogar die Einlösung der vorhandenen Dollar-Reserven in Gold. Die USA konnten sich dieser Forderung nicht entziehen, ohne dass das System von Bretton Woods an Glaubwürdigkeit verloren hätte. Daher wurden Schiffe mit Goldbarren über den Atlantik gesandt. Erst als der Vietnam-Krieg den US-Haushalt völlig zerrüttet hatte, gab Präsident Richard Nixon die Goldbindung des Dollars notgedrungen auf.[20]

Noch heute genießt Gold einen seltsamen Nimbus. Bei Verschwörungstheoretikern jedweder Couleur ist das gelbe Edelmetall der letzte Fels in der Brandung einer untergehenden Weltwirtschaft. Besonders die notorischen Schwarzmaler und Pessimisten sehen in Gold den letzten sicheren Hort vor der endgültigen Apokalypse des internationalen Finanzsystems.

So mancher vergräbt Goldbarren und -münzen im Garten und im Keller.

Was ist an der Behauptung, dass Gold alle Katastrophen überstehen könne, wahr? Nun die Rolle des Goldes ist keineswegs so eindeutig, wie uns die Propheten des nahenden Untergangs glauben machen wollen. Aber betrachten wir die verschiedenen Aspekte im Einzelnen:

In früheren Jahrhunderten hatten es die Menschen tatsächlich leichter. Ein Vermögen, das aus Silber- und Goldmünzen besteht, lässt sich nicht durch einen Federstrich (oder moderner: durch einen Knopfdruck oder eine Tastatureingabe) für null und nichtig erklären. Während heutzutage eine Ministerrunde in Brüssel über das Wochenende beschließen kann, sämtliche Konten einzufrieren, Bankautomaten zu blockieren und neue Währungen über Nacht einzuführen, war dies über viele Jahrhunderte so nicht möglich.

Schon das Beispiel Zypern zeigt, dass die Staatengemeinschaft der Euroländer nicht zimperlich oder zögerlich ist, wenn es darum geht, Fakten zu schaffen.[21] So wurden die Banken während der Wirtschaftskrise in Zypern zehn Tage lang geschlossen. Am Geldautomaten erhielten die Bankkunden pro Tag nur noch 100 bis 120 Euro. Auch in Argentinien ließ man Fremdwährungen zu einem Zwangskurs umtauschen, und die Geldmenge, die der Automat freigab, war gering.[22] Sie werden einwenden: In anderen Staaten geht es nicht zu wie in Argentinien. Meinen Sie? In Kalifornien wurden sogar schon Beamte und Angestellte des öffentlichen Dienstes mit Schuldscheinen des Staates bezahlt und in den Zwangsurlaub geschickt.[23]

Insofern ist die Skepsis der Goldanhänger durchaus in gewissem Maße berechtigt.

In früheren Zeiten konnten Könige, Kaiser und Fürsten nicht einfach durch ein Dekret das vorhandene Geld für wertlos erklären. Heutzutage dauert dies dank unserer modernen IT-Infrastruktur nur Sekunden bis Minuten.

Allerdings gab es auch in früheren Zeiten schon Eingriffe. Bereits in der römischen Spätantike wurden Münzverschlechterungen eingeführt. Den Gold- und Silbermünzen wurde billiges Metall wie Blei beigemengt.

Durch diesen Kunstgriff entstand Inflation, und die Geldmenge konnte ausgeweitet werden.

Diese Maßnahme führt übrigens dazu, dass die wertvollen, gold- oder silberhaltigen Münzen zu Hause gehortet werden. Diesen Zusammenhang entdeckte ein Wissenschaftler bereits im 16. Jahrhundert; seitdem wird diese Regel als „Greshamsches Gesetz" bezeichnet.

Im Mittelalter stritten sich die Länder oft um Münzrechte, die an den Meistbietenden verpachtet werden konnten. Selbst die Kirche und einzelne Stadtstaaten wie Hamburg hatten eigene Münzen. Einzelne Potentaten scheuten sich nicht, bestimmte Münzen zu verbieten. Dennoch waren die umlaufenden Gold- und Silberstücke trotz der fortschreitenden Münzverschlechterung relativ sicher. Kontensperrungen, Zwangsumtausch und ähnliche restriktive Maßnahmen waren nicht durchführbar. Selbst in der Wilhelminischen Kaiserzeit waren noch sehr viele Gold- und Silbermünzen im Umlauf. Dieser paradiesische Zustand änderte sich abrupt, als der Erste Weltkrieg ausbrach und immer mehr Banknoten ausgegeben wurden. Wer damals weise und vorausschauend war, behielt lieber die alten Silber- und Goldmünzen.

Banknoten hingegen sind immer von der Solidität eines Staates abhängig.

Ein Land, das die Druckerpresse anwirft, kann eine ganze Bevölkerung ruinieren. Eine solches Fiat-Geld, wie es von den Spöttern hämisch bezeichnet wird, ist nur so viel wert wie die dahinter stehende Volkswirtschaft.

Das Zahlungsmittel wird gleichsam aus dem Nichts („fiat" lateinisch für „es werde") geschaffen. Schon Aristoteles hielt die Schöpfung „ex nihilo" (aus dem Nichts) für eine dubiose Angelegenheit. Besonders bedenklich ist zudem, dass Banken ohne weitere Sicherheiten die Geldmenge erhöhen können.[24] Von Ford soll der Ausspruch stammen: Wenn die Masse wüsste, wie das Bankensystem funktioniert, würde sofort eine Panik ausbrechen.

Ist Gold demnach wirklich die letzte Reserve, der letzte Fels in der Brandung einer kommenden Katastrophe? Sie sollten Folgendes beachten: Wenn Sie Gold kaufen, machen Sie zuerst Verlust. Das liegt daran, dass die Goldhändler auf jede Münze und jeden Barren eine Provision aufschlagen. Selbst wenn Sie viele Angebote systematisch vergleichen, müssen Sie mit einem Aufschlag von rund zehn Prozent rechnen. Weitaus gravierender ist der Verlust, wenn Sie kleinere Stückelungen wählen. Denn ein Aufschlag von zehn Prozent findet sich nur bei den üblichen und gängigen Ein-Unzen-Münzen. Wenn Sie Münzen mit einem Gewicht von einer zehntel Unze erwerben, dürfen Sie schon 30 Prozent Aufschlag an den Händler entrichten.

Vor einigen Jahren wurde in München ein Automat mit Goldbarren und -münzen errichtet.[25] Interessierte, die sich schon am Rande von Armageddon und der Apokalypse wähnten, konnten dort zwischen Thunfisch-Sandwiches und dem Meeting noch schon schnell einen Mini-Goldbarren am Automaten ziehen. So wie einen schnellen Erdnuss-Snack. Doch der Aufschlag dürfte die Freude des Besitzers schnell getrübt haben. Der Kauf von Gold ist deshalb aufgrund der hohen Kosten nur langfristig eine sinnvolle Anlage.

Ein weiteres Problem ergibt sich aus der Lagerung des gelben Edelmetalls. Sofern Sie nicht vorhaben, im hauseigenen Keller das Gold zu vergraben oder es im Garten bei Nacht und Nebel zu verscharren, benötigen Sie ein Bankschließfach. Sollte der Euro eines Tages aufgrund der hohen Staatsausgaben in Frankreich, Italien, Portugal, Zypern, Spanien und Griechenland kollabieren, könnte die Bundesregierung auf die Idee kommen, dass Bankschließfächer nur in Gegenwart eines Beamten geöffnet werden dürfen.

Ungeachtet solcher Probleme hat sich Gold in der Vergangenheit nicht immer bewährt. In schweren Krisensituationen ist der Goldpreis sogar deutlich abgestürzt, was die Krisengurus gerne tunlichst verschweigen. Grund dafür ist: Bei einem Börsencrash benötigen Banken, Versicherungen, Pensions- und Hedgefonds meist sofort Geld. Als Erstes werden daher Goldpositionen auf den Markt geworfen, um vorhandene Kredite abzulösen.

Dieses Phänomen ließ sich besonders gut im schweren Krisenjahr 2008 beobachten: Als Lehman Brothers in die Insolvenz taumelte, legte auch der Goldpreis den Rückwärtsgang ein. Wer gehofft hatte, während dieser Megakrise von enormen Goldpreissteigerungen zu profitieren, wurde bitter enttäuscht. Die Goldnotierungen sanken deutlich. Nur wer bereits im Oktober 2007 eingestiegen war, konnte bis Anfang 2009 einen Wertzuwachs von fast 34 Prozent verbuchen.

Auch andere Krisenzeiten führten keineswegs zu einem dramatischen Anstieg des Goldpreises: Weder der Erste noch der Zweite Weltkrieg ließen den Goldpreis neue Gipfel erklimmen. Auch Tschernobyl, Fukushima, der 11. September, die Ermordung John F. Kennedys, die Kuba-Krise, die Errichtung der Berliner Mauer und andere spektakuläre Ereignisse ließen den Goldpreis unberührt. Am Schwarzen Montag im Jahr 1987, als die Börsen an einem einzigen Handelstag dramatisch abstürzten, verlor auch Gold in den folgenden Wochen mehr als 8 Prozent.

Insofern hat sich Gold als Krisenschutz nicht immer bewährt. Die deutlichen Kurssteigerungen sind hingegen auf andere Ereignisse zurückzuführen. Dass das gelbe Edelmetall in den Siebzigerjahren einen beispiellosen Boom erlebte und von 35 US-Dollar je Feinunze (31,1 Gramm) auf über 800 US-Dollar kletterte, hat einen anderen Grund. Es lag daran, dass das Währungssystem von Bretton Woods aufgegeben wurde. Das Gold wurde von dem Zwangskorsett des US-Dollars befreit und konnte so seinen historischen Höhenflug antreten.

In den Achtzigerjahren hingegen trat eine Konsolidierung ein. Der Goldpreis sank stetig, und im Jahr 1999 war mit einer Notierung von 270 US-Dollar je Feinunze eine Untergrenze erreicht. Wer also im Jahr 1970 auf Gold gesetzt hatte, wäre im Jahr 1980 reich gewesen und im Jahr 1999 immerhin noch wohlhabend. Wer aber das Pech hatte, während der Goldeuphorie im Jahr 1980 einzusteigen, wäre 20 Jahre später eher zu bemitleiden gewesen.

In unserer Zeit macht sich die exorbitante Staatsverschuldung bemerkbar. Dass der Goldpreis im Jahr 2011 mit 1.900 US-Dollar je Feinunze einen neuen historischen Rekord markierte, ist ein Anzeichen dafür, dass ein Großteil der Staaten weit über seine Verhältnisse lebt.

In einer Katastrophe wären Goldbarren und -münzen wohl kaum ein zuverlässiger Schutz. Glauben Sie wirklich, der Bäcker würde seine Brötchen für Goldmünzen verkaufen? Und was würden Sie ihm geben? Eine Ein-Unzen-Münze wie den Krügerrand im Wert von derzeit über 1.000 Euro für ein Brot? Eine kleinere Stückelung? Wie viele Brote bekommen Sie dafür? Natürlich können Sie im Notfall mit Silbermünzen bezahlen. Aber gab es je in der deutschen Geschichte ein Beispiel dafür? Selbst nach 1945 wurden eher Butter und Zigaretten getauscht.

Als Altersvorsorge ist Gold eher zweitklassig. Selbst wenn Sie argumentieren, dass Gold jede Währungsreform unbeschadet übersteht, sind die Renditen nicht so hoch, dass Sie wirklich sinnvoll vorsorgen können. Jede Aktienanlage schlägt das Gold langfristig. Es sei denn, es gelingt Ihnen, eine Goldhausse zu nutzen wie jene zwischen 1970 und 1980 oder zwischen 1999 und 2011.

Insgesamt betrachtet ist Gold als Krisenschutz nicht sehr wirksam. Auch die Inflationsraten werden nicht immer ausgeglichen. Wer das Pech hat, in eine Periode sinkender Goldnotierungen zu investieren, macht Verluste. Hinzu kommen hohe Händleraufschläge, die erst wieder verdient werden müssen.

Dennoch kann Gold bei einer finalen Krise, die das internationale Finanzsystem zum Einsturz bringt, ein beträchtlicher Schutz sein.

Immerhin hätte Ihr Urgroßvater, wenn er all sein Vermögen in Gold investiert hätte, den Reichtum über mehrere Währungsreformen und den Ersten und den Zweiten Weltkrieg gerettet. Weder Aktien noch Immobilien hätten ein solches von Katastrophen gezeichnetes Jahrhundert unbeschadet überstanden.

Allenfalls andere Sachwerte könnten hier noch mit erheblichen Einschränkungen mithalten.

FAZIT

Wenn Sie mit einer großen Katastrophe (einem totalen und endgültigen Zusammenbruch) rechnen, könnte Gold Ihr Retter sein. Wenn Sie nur von einigen Krisen ausgehen, dürften andere Anlageformen für Sie mehr Vorteile bringen.

d.ee --

IRRTÜMER

 IRRTUM:

MIT IMMOBILIEN KANN MAN NICHTS FALSCH MACHEN

In Deutschland genießen Immobilien ein erstaunliches Ansehen, und kaum eine andere Anlageform ist in weiten Bevölkerungskreisen so beliebt wie das vermeintlich sichere Betongold. Häuser und Eigentumswohnungen übertreffen an Popularität noch das viel geschätzte Sparbuch, und fast jeder wünscht sich eine eigene Immobilie. Würde man in Deutschland eine Umfrage auf der Straße durchführen, so würde nahezu jeder einhellig die Immobilie als die beste Anlageform bezeichnen. Doch stimmt das wirklich?

Es ist verblüffend, dass der Beliebtheit der Immobilie in Deutschland eine eher ernüchternde Realität gegenübersteht.

Deutschland ist kurioserweise eines der Länder mit den wenigsten Eigentümern. In Norwegen, Spanien, Griechenland, Italien, Irland oder den USA hat eine überwältigende Mehrheit von 70 bis 80 Prozent eine eigene Immobilie. In Griechenland liegt die Eigentumsquote bei 77 Prozent und in Spanien sogar bei 83 Prozent.[26] Spitzenreiter sind Rumänien mit 97 Prozent und Ungarn mit 90 Prozent. In Deutschland hingegen liegt dieser Prozentsatz bei spärlichen 53 Prozent. In kaum einem anderen Land (mit Ausnahme der Schweiz, die lediglich auf 44 Prozent kommt) gibt es so wenige Eigentümer. Wunsch und Wirklichkeit klaffen hierzulande weit auseinander.

Das hat mehrere Gründe. Bauen ist in Deutschland äußerst teuer und umständlich. Ein unüberschaubares Dickicht an Vorschriften, Gesetzen und Auflagen macht

Bauen zu einem nervenzehrenden Abenteuer. Hinzu kommt, dass gerade beim Baurecht ein Föderalismus vorgelebt wird, der in anderen Bereichen viel sinnvoller und empfehlenswerter wäre.

→ So kann es sein, dass der Abstand eines Gebäudes vom Nebenhaus in Sachsen-Anhalt weniger Zentimeter umfasst als in Bayern oder Hessen. Architekten müssen gleichsam 16 verschiedene Rechtssysteme beherrschen.

→ Während in Niedersachsen der Apfel auf Nachbars Garten nur ein Schmunzeln auslöst, führt in Baden-Württemberg ein solches Ärgernis zu einem handfesten Nachbarschaftsstreit.

→ Während in einem Bundesland die Verschattung durch ein Nebengebäude zur Umnachtung aller Beteiligten führt, wird dies in einem anderen Bundesland noch nicht einmal erörtert.

Dieser Provinzialismus macht das Bauen in Deutschland zu einer endlosen Farce. Erschwerend kommt hinzu, dass hierzulande sämtliche Arbeiten mehr als solide ausgeführt werden. Nur Häuser aus Backstein und mit einem geräumigen Keller erfüllen die Bedürfnisse der meisten Bauherren. In anderen Ländern würde man über diese Bunker- und Kellermentalität herzlich lachen. In den USA beispielsweise sind Holzhäuser eher Standard, was die Immobilienpreise niedrig hält.

Der Regulierungswahn hierzulande tobt sich an Feinstaubwerten von Kaminöfen aus mit festgelegten Fristen und Dämmwerten. Einige Spötter behaupten, die meisten Dämmungen würden sich erst nach Jahrzehnten amortisieren.[27] Ganz zu schweigen von dem notorischen Schimmel- und Algenbefall und besonderen Gefahrensituationen, wenn es bei noch unverputztem Styropor brennt und verflüssigtes Dämmmaterial von der Fassade auf die

IRRTÜMER

Feuerwehr tropft.[28] Wer das Pech hat, eine Solaranlage auf dem Dach installiert zu haben, darf mit ansehen, wie das eigene Haus kontrolliert abbrennt, da die Feuerwehr sich wegen eines möglichen tödlichen Stromschlags weigert, weitere Rettungsmaßnahmen in die Wege zu leiten. So ist es kein Wunder, dass nur die Hälfte der Bevölkerung hierzulande eine eigene Immobilie besitzt.

Ein weiteres Problem, das die Eigentumsquote niedrig hält, sind die relativ strengen Vorgaben für die Immobilienfinanzierung. Zwar mag dies einer Finanzkrise vorbeugen, aber zugleich hindert es viele daran, sich den Traum vom Eigenheim zu erfüllen.

In den USA kann ein Hauseigentümer in manchen Bundesstaaten, wenn er die Raten für die Finanzierung nicht mehr aufbringen kann, einfach einen netten Brief an die Bank schreiben, aus dem Haus ausziehen und den Schlüssel im Schloss zurücklassen. Die Bank darf sich dann um diese Immobilie kümmern und der Schuldner ist aller Verpflichtungen ledig. Hier könnte man wirklich erleichtert sagen: Amerika, du hast es besser! Auch können Finanzierungen mit einem vertraglich fixierten Zinssatz jederzeit gekündigt werden, sodass neue Konditionen ausgehandelt werden müssen. In Deutschland hingegen sind Festzinsfinanzierungen üblich, und die Eigentümer sind zehn Jahre an den Vertrag gebunden. Wer vorzeitig aussteigen will, muss hohe Vorfälligkeitsentschädigungen an das Kreditinstitut entrichten.

In Deutschland führt die zweimalige Nichtzahlung von Raten bereits zu einer möglichen Zwangsversteigerung, die den Eigentümer unter Umständen in die Privatinsolvenz treiben kann. Bei der ersten Zwangsversteigerung muss der Mindestwert noch über der Hälfte bzw. auf Antrag bei sieben Zehntel des Verkehrswerts liegen, der von einem Gutachter ermittelt wird. Aber schon beim zweiten Termin kann eine solche Immobilie für weit weniger unter den Hammer kommen. Glücklicherweise sind solche Fälle relativ selten, da meist ein Bieterstreit unter den Interessenten entbrennt, der den Preis in die Höhe treibt.

Sind nun Immobilien eine sinnvolle und empfehlenswerte Anlageform? Hier müssen wir deutlich zwischen eigengenutzten Immobilien und vermieteten Eigentumswohnungen als Kapitalanlage unterscheiden.

Kommen wir zuerst zu den eigengenutzten Häusern oder Eigentumswohnungen. In den meisten Ratgebern wird einhellig zu eigengenutzten Immobilien geraten. Der Tenor lautet überwiegend: Ein eigenes Haus oder eine eigene Wohnung sei im Alter nützlich; man spare sich die Miete, habe ein sicheres Zuhause, und man könne auf eine sichere und rentable Wertanlage vertrauen.

Doch stimmt das? Die Realität sieht leider anders aus.[29] Das vermeintlich einleuchtende Argument, ein Eigentümer müsse keine Miete entrichten und jede Zahlung komme letztlich der eigenen Vermögensbildung zugute, ist genau betrachtet falsch und wird nicht richtiger dadurch, dass diese Behauptung in allen Ratgebern unbekümmert kolportiert wird.

Sie sollten bedenken, dass in erster Linie die Bank von den Zinsen profitiert, und über einen Zeitraum von 30 Jahren wird die Bank einiges an Zinsen einnehmen, auch wenn zurzeit das Zinsniveau sich auf einem historischen Tiefpunkt befindet.

Dennoch beharren einige Befürworter darauf, dass Eigentum immer noch vorteilhafter als die Position des Mieters sei. Doch auch hier schleicht sich ein gravierender Denkfehler ein. Streng betrachtet müssen bei der Renditeermittlung nämlich die Opportunitätskosten berücksichtigt werden. Was sind nun Opportunitätskosten?

Stellen Sie sich Folgendes vor: Ein Eigentümer zahlt monatlich 300 Euro mehr als Sie als Mieter. Der Eigentümer muss neben den Zinszahlungen nämlich die Tilgungsleistungen aufbringen. Sie als Mieter hingegen entrichten nur die Miete. Im Vergleich zum Eigentümer haben Sie folglich in unserem Beispiel 300 Euro übrig. Diesen Betrag können Sie nun an den internationalen Finanzmärkten anlegen. Eine breit gestreute, langfristige Aktienanlage über drei Jahrzehnte (so lange dauert in der Regel eine Immobilienfinanzierung) bringt Ihnen pro Jahr im Durchschnitt eine Rendite von acht Prozent. Mit einigen Strategien lässt sich die Wertsteigerung sogar auf 14 Prozent erhöhen.

Wenn Sie folglich für Ihre 300 Euro, die Sie monatlich gegenüber dem Eigentümer sparen, eine jährliche Rendite von 14 Prozent erzielen können, wird der gesamte Vorteil der sogenannten Immobilienanlage zu einer Farce. Aus 300 Euro monatlich, die mit 14 Prozent angelegt werden, sind nach 30 Jahren fast 1.382.000 Euro geworden. Sie wären dann als Mieter zum Millionär aufgestiegen, während der Immobilieneigentümer mit Mühe und Not seinen Kredit abgestottert hat. Dann können Sie sich immer noch eine nette Villa kaufen, und zwar in bar! Wer also die Opportunitätskosten ausklammert, stellt eine merkwürdige Rechnung auf, die der Realität nicht gerecht wird.

Die überzeugten Immobilienanhänger und hartnäckige Kritiker werden nun einwenden, eine Rendite von 14 Prozent pro Jahr gleiche einem gefährlichen Roulettespiel. Es gibt jedoch wissenschaftliche Beweise, dass eine solche Strategie funktioniert. Ich werde Ihnen in einem späteren Kapitel die genauen Zahlen und Vorgehensweisen erläutern.

Seien wir realistisch: Im Grunde ist eine Immobilie nichts anderes als eine Ansammlung von Steinen oder Holz. Sie sollten das sogenannte Betongold nüchtern betrachten.

Auch die These vom sicheren Zuhause bedarf einer

grundlegenden Revision. Wenn Sie nicht gerade ein Einfamilienhaus in München-Bogenhausen Ihr Eigen nennen, könnte es im Alter Probleme geben. Vor allem auf dem Land macht sich der demografische Wandel deutlich bemerkbar. Immer mehr kleine Einzelhandelsläden schließen. Die Dörfer sterben aus; und einen öffentlichen Nahverkehr gibt es praktisch nicht. Einige verstreute Weiler werden nur noch einmal am Tag angefahren. Ärzte auf dem Land sind eine Seltenheit.

Geben Sie sich keinen Illusionen hin: Wenn Sie älter werden, brauchen Sie mehr Fachärzte; Sie werden vielleicht nicht mehr in der Lage sein, Auto zu fahren. Wollen Sie wirklich den Rest Ihres Lebens in einem kleinen Dorf ausharren? Ihre Kinder sind über ganz Deutschland verstreut oder leben im Ausland, und Sie können noch nicht einmal in der nächstgrößeren Stadt einkaufen.

Noch dramatischer wird es, wenn Sie das Haus veräußern möchten. Die Preise sinken drastisch. Und was geschieht, falls Sie ins Pflegeheim müssen? Wenn Sie die Pflegekosten nicht aufbringen können (selbst unter Berücksichtigung der staatlichen Pflegeversicherung), wird das Sozialamt für die Kosten aufkommen. Zuvor aber müssen Sie Ihr Haus veräußern. Nicht selten vergehen Jahre, ehe ein solches Haus in einem abgelegenen Dorf einen Abnehmer findet. Das Sozialamt wird zwischenzeitlich eine Hypothek im Grundbuch eintragen, was den Verkauf weiter erschwert.

Auch mit einer Eigentumswohnung in der Stadt können Sie böse Überraschungen erleben. Wenn ein Nachbar sich als notorischer Störenfried oder rechthaberischer Springinsfeld entpuppt, könnte es um Ihre Seelenruhe schlecht bestellt sein. Manche Eigentümergemeinschaften verwandeln sich über Nacht in krisengeschüttelte Bürgerkriegsregionen. Schon vermeintlich geringfügige Anlässe (wie die Gartenpflege) können eskalieren und

IRRTÜMER

zu endlosen Scharmützeln führen. Ein ungerechter Kostenverteiler, fehlende Wasseruhren, nächtlicher Lärm, die schwäbische Kehrwoche und andere Dinge können in Dauerkonflikte münden. Seit der Reform des WEG (des Wohnungseigentumsgesetzes) können Sie durch eine Drei-Viertel-Mehrheit der Eigentümer überstimmt werden.[30] Vor allem Großinvestoren in Wohnanlagen nutzen diese Macht, um kostspielige und aufwändige Modernisierungen durchzusetzen. Falls die Instandhaltungsrücklage nicht ausreicht, können hohe Sonderumlagen auf Sie zukommen. Mancher Eigentümer musste innerhalb von wenigen Wochen eine Sonderzahlung von 10.000 oder 20.000 Euro aufbringen. Allein die Sanierung eines Fahrstuhls kann sich im schlimmsten Fall auf fast 100.000 Euro belaufen.

Ein Spötter hat einmal behauptet, die Eigentumswohnung verbinde die Nachteile eines Hauses mit den Nachteilen einer Mietwohnung.

Sie sehen: Die in Deutschland weit verbreitete Faszination für Immobilien ist mehr eine Illusion.

Betrachten Sie die Geldanlage in Immobilien genau so realistisch und nüchtern wie ein Investment in Aktien oder Anleihen.

WAS SIE BEIM KAUF EINER IMMOBILIE BEACHTEN SOLLTEN

Beim Kauf einer Immobilie lauern etliche Fallen auf Sie. Seien Sie daher besonders vorsichtig. Der erste und wichtigste Aspekt ist die Lage einer Immobilie. Machen Sie dabei keine Zugeständnisse.

TIPPS UND HINWEISE
Achten Sie auf eine umfassende und gut ausgebaute Infrastruktur, die Ihren Bedürfnissen gerecht wird.

In unmittelbarer Nähe sollten Einzelhandelsgeschäfte des täglichen Bedarfs (Bäcker, Metzger, Kiosk, Tankstelle, Apotheken, Drogerien u.a.) sein. Auch ein Supermarkt ist wichtig. Darüber hinaus sollten Schulen und weiterführende Bildungseinrichtungen zu Fuß leicht erreichbar sein. Auch Kultur- und Freizeiteinrichtungen (Vereine, Kinos, Sportplätze, Bibliotheken, Konzerthallen u.a.) stellen einen wichtigen Bestandteil einer guten Infrastruktur dar. Achten Sie darauf, dass sich Haus- und Fachärzte in der unmittelbaren Nähe befinden und dass ein Krankenhaus in weniger als zehn Minuten erreicht werden kann. Besonders bedeutsam ist die Anbindung an den öffentlichen Nahverkehr. In Großstädten ist ein Zehn-Minuten-Takt bei Bussen, U- und S-Bahnen sowie Straßenbahnen üblich.

Hierbei handelt es sich natürlich um eine optimale Infrastruktur, wie man sie in München, Berlin, Köln oder Hamburg vorfindet. In mittelgroßen Städten und in Kleinstädten werden Sie diesbezüglich erhebliche Abstriche machen müssen.

Auch wenn viel über die Lebensqualität in Großstädten lamentiert wird (Verkehrslärm, hohe Kriminalität, Hektik, schlechte Luft), so haben die Metropolen gegenüber dem Land doch erhebliche Vorteile. Wenn Sie eine vegane Lasagne zubereiten wollen, werden Sie in Berlin schnell einen veganen Supermarkt finden. Indonesisch essen gehen – in Hamburg kein Problem. Sie leiden unter Glutensensitivität? In München werden Sie sofort einen entsprechenden Heilpraktiker oder Facharzt finden.

IRRTÜMER

Sie erleiden einen Herzinfarkt auf der Straße? Wenn Sie in Posemuckel wohnen, könnte etliche Zeit verstreichen, ehe der Notarzt eintrifft. In Berlin sind Sie schon in ein paar Minuten im nächsten Krankenhaus. Ihre Kinder wollen Theaterwissenschaften oder Ägyptologie studieren? In München oder Berlin kein Problem. Sie interessieren sich für mittelalterliche Malerei? In Köln werden Sie an der Volkshochschule einfach einen Kurs belegen.

Im Dorf hingegen begegnen Ihnen nur die Menschen, die Sie schon von Kindesbeinen an kannten. Dies kann einen Vorteil darstellen, aber auch zum Nachteil gereichen. Im Dorf haben Sie nie die Chance, sich zu ändern oder sich anders zu präsentieren; denn Sie sind für alle „Müllers Lisa". Ein solches Umfeld kann eine Form von Geborgenheit und Verlässlichkeit bedeuten, aber auch eine enorme Belastung, wenn Sie immer als „zugewanderte Person" ausgegrenzt werden und noch nicht einmal in der Freiwilligen Feuerwehr als Mitglied willkommen sind. In der Metropole können Sie sich Ihre Bekannten und Freunde selbst zusammensuchen, sei es im Yoga-Kurs, am Arbeitsplatz, beim Heavy-Metal-Konzert, in einer Informationsveranstaltung von Greenpeace oder in einem Café. Das Leben in einer Großstadt bietet eine unendliche Fülle von Eindrücken, Erlebnissen und Möglichkeiten.

TIPPS UND HINWEISE
Bevor Sie also eine Immobilie kaufen, überlegen Sie genau und sorgfältig, welche Infrastruktur Sie benötigen.

Inspizieren Sie das soziale Umfeld zu verschiedenen Tageszeiten. Machen Sie sich die Mühe, morgens, mittags, abends und nachts die Nachbarschaft genau unter die Lupe zu nehmen. Wie fühlen Sie sich? Beschleicht Sie um 22 Uhr ein ungutes Gefühl? Sind die Häuser mit kryptischen Graffiti verziert? Liegt auf der Straße Müll? Sehen Sie sich auch die Geschäfte an. Sind es Läden, die eher Menschen mit geringer Kaufkraft ansprechen? Um Näheres über das Umfeld zu erfahren, sollten Sie weitere Erkundigungen einholen. Haben Sie keine Scheu und fragen Sie die Nachbarn oder den Hausmeister. Auch Postboten und Taxifahrer kennen die Stadtteile und können Ihnen Auskunft geben.

TIPPS UND HINWEISE
Meiden Sie Gebiete, die sich in einem schleichenden oder offenkundigen Abwärtstrend befinden.

In manchen Großstädten ändert sich der Charakter eines Quartiers bereits von einem Straßenzug zum nächsten. Achten Sie darauf, ob sich in der Nähe Einrichtungen befinden, die den Wert der Immobilie herabsetzen können (wie die Einflugschneise eines Flughafens, eine Müllverbrennungsanlage, ein Autobahnzubringer und anderes). Auch die Nähe zu Gewerbegebieten wirkt sich häufig nachteilig auf den Wert einer Immobilie aus.

Kommen wir nun zu den einzelnen Kriterien:

Was häufig beim Hauskauf übersehen wird, ist der Grund und Boden. Ein solcher Fehler kann fatale Folgen haben. Ist nämlich der Boden kontaminiert, müssen Sie das Erdreich auf eigene Kosten abtragen und wieder neu verfüllen lassen. Allein die Kosten hierfür können mehrere Hunderttausend Euro betragen. Sie können zwar theoretisch den Voreigentümer in Regress nehmen. Aber was machen Sie, wenn Sie die arglistige Täuschung nicht beweisen können (oder der Voreigentümer nichts davon wusste) und der Beklagte nicht über das notwendige Vermögen verfügt? Sie sind schneller ruiniert, als Sie denken. Auch die Stadtverwaltung dafür verantwortlich zu machen, die dieses Gebiet unzulässigerweise im Bebauungsplan als Wohngebiet ausgewiesen hat, dürfte ziemlich schwierig werden. Die Stadt wird sich mit allen juristischen Mitteln zur Wehr setzen (schließlich könnte eine ganze Siedlung betroffen sein und der Schaden in die Millionen gehen). Ob Sie dann vor Gericht Recht bekommen, dürfte zumindest fraglich sein. Das Ergebnis werden Sie – sofern Ihre finanziellen Mittel für die Gerichtskosten und die Anwaltshonorare für mehrere Instanzen ausreichen – ohnehin erst nach zehn Jahren erfahren.

> **TIPPS UND HINWEISE**
> Daher ein wichtiger Rat: Überzeugen Sie sich gewissenhaft, dass der Boden einwandfrei ist.

Ein geologisches Gutachten ist allerdings relativ teuer. Kaufen Sie auf keinen Fall ein Haus, auf dessen Grund früher eine Tankstelle oder eine Reinigung standen. Auch Mülldeponien und Militärgelände sind ein absolutes Tabu. Es mussten schon ganze Wohngebiete innerhalb von Tagen geräumt werden, nachdem im Boden Dioxin nachgewiesen wurde. Ähnlich problematisch sind Bergbaugebiete. Hier kommt es immer wieder zu Absackungen und Senkungen, die Risse im Gebäude verursachen oder im schlimmsten Fall das Haus zum Einsturz bringen. Neuerdings sind sogar Orte, an denen größere Geothermie-Kraftwerke geplant sind, kritisch zu sehen.

Da ein Haus vermutlich die größte Investition Ihres Lebens ist, sollten Sie beim Kauf besondere Sorgfalt walten lassen. Manche Interessenten erwerben eine Immobilie innerhalb einer Viertelstunde, während sie für den Sommerurlaub wochenlang Kataloge wälzen. Ein solches Vorgehen ist völlig falsch und kann gravierende Folgen haben. Sie müssen sehr gründlich auf den Kauf vorbereitet sein.

TIPPS UND HINWEISE
Es empfiehlt sich generell, einen Gutachter heranzuziehen, der Ihnen genau sagen kann, wie viel das Haus wert ist und welche Mängel es hat.

Ein solches Gutachten kostet meist zwischen 1.000 und 2.000 Euro. Dennoch lohnt es sich. Wenn Sie beim Kauf Ihres Hauses einen Fehlgriff machen, kann Sie das im Nachhinein ruinieren; denn im notariellen Kaufvertrag wird bei Bestandsimmobilien jede Haftung ausgeschlossen. Daher sollten Sie auf dieses gefährliche Abenteuer verzichten und in jedem Fall einen Gutachter beauftragen.

Experten, die sich schnell einen Überblick verschaffen wollen, schauen sich zuerst das Dach, das Mauerwerk, die Sanitäranlagen, die Elektroinstallationen und die Fenster an. Mit Hilfe dieser Anhaltspunkte ist es zumindest auf den ersten Blick möglich, eine grobe Einschätzung abzugeben. Sorgfältige Gutachter beziehen natürlich den Zustand und die geologische Beschaffenheit des Bodens mit ein und betrachten rechtliche Aspekte, die sich aus Eintragungen im Grundbuch ergeben können. Hierzu gehören beispielsweise Wohn- und Wegerechte, eine mögliche Vormerkung oder Vorkaufsrechte, bestehende Grundpfandrechte und andere Aspekte.

Schon unscheinbare Mängel können sich verheerend auswirken. Ist ein Gebäude mit dem Hausschwamm be-

IRRTÜMER

fallen, können Sie das Haus kaum noch sanieren. Auch Holzwürmer oder ein schadhaftes Dach können Unsummen kosten. Die Sanierung eines Daches bei einem Einfamilienhaus beläuft sich auf über 30.000 Euro.

Ähnliches gilt übrigens für Eigentumswohnungen. Sollten die Rücklagen nicht ausreichen, könnten von der Eigentümergemeinschaft Sonderumlagen beschlossen werden, die in die Tausende gehen.

TIPPS UND HINWEISE
Lassen Sie sich daher stets den Haushaltsplan vom Verwalter zeigen sowie die Protokolle und die Beschlüsse der Eigentümerversammlungen.

Auch Elektro-Installationen müssen in immer kürzeren Zyklen erneuert werden, da die Ansprüche an die technische Ausstattung steigen. Heutzutage ist eine Elektro-Installation nach zehn Jahren bereits veraltet und entspricht nicht mehr den üblichen Standards. Darüber hinaus macht der Gesetzgeber immer mehr kostspielige Auflagen, was die energetische Sanierung anbelangt. Alte Heizkessel müssen ersetzt werden; Einzelöfen lassen sich, wenn sie älter sind, nur noch nutzen, wenn sie über besondere Feinstaubfilter verfügen. Bei Häusern muss der Dachboden wärmegedämmt werden. Die meisten Immobilieneigentümer unterschätzen die hohen laufenden Kosten, die mit einem Haus oder einer Eigentumswohnung verbunden sind.

DER EIGENTLICHE KAUF

In der Vergangenheit haben sich viele Investoren durch den übereilten Kauf von Immobilien in Ostdeutschland oder durch den Erwerb von Schrottimmobilien vollständig ruiniert. Deshalb sollten Sie lieber mehrmals überlegen, bevor Sie sich eine Immobilie zulegen. Auch wenn der Käufer noch sehr das Schnäppchen anpreist und Sie zu einer schnellen Entscheidung am Wohnzimmertisch drängt, denken Sie daran: Der Immobilienmarkt ist groß, und es gibt jeden Tag neue Möglichkeiten und Chancen.

TIPPS UND HINWEISE
Treffen Sie niemals eine Entscheidung voreilig und unter Zeitdruck.

Der schlimmste und verhängnisvollste Fehler, den Sie begehen können, ist es, die Immobilie ohne vorherige Besichtigung zu kaufen. Schon so mancher Münchener hielt eine Eigentumswohnung in Ostdeutschland für ein vermeintlich lukratives Schnäppchen, wobei sich im Nachhinein herausstellte, dass das Objekt nur einen Bruchteil des Kaufpreises wert war. Wer in Bayern aufgewachsen ist, kann sich nur schwer ausmalen, dass in Sachsen-Anhalt Häuser einen Bruchteil dessen kosten, was man in den bayerischen Landen aufwenden müsste.

Einige Immobilienkäufer, die vorschnell kauften, waren am Ende komplett ruiniert. Bisweilen erwies die Wohnung sich als unvermietbar und die scheinbar sicheren Mietgarantien wurden nach der Insolvenz des Unternehmens völlig wertlos. Pensionäre, die sich mit solchen Immobilien verspekuliert hatten, mussten mit 70 Jahren in ihren alten Beruf zurückkehren; andere waren plötzlich

IRRTÜMER

auf staatliche Unterstützung angewiesen oder hatten für den Rest ihres Lebens keine Chance mehr, jemals schuldenfrei zu werden.

Beachten Sie daher immer: Wenn Sie beim Immobilienerwerb etwas falsch machen, kann Ihre gesamte Existenz auf dem Spiel stehen. Sie werden jahrelang in einer Privatinsolvenz ausharren müssen.

> **TIPPS UND HINWEISE**
> Der sicherste Schutz ist es, stets einen zuverlässigen und anerkannten Gutachter zu beauftragen.

Lassen Sie sich auch bescheinigen, dass der Gutachter uneingeschränkt für seine Expertise haftet. Einige Gutachten können nämlich unverbindlich erstellt werden und sind daher vor Gericht nichts wert. Lassen Sie zusätzlich den gesamten Kaufvertrag von einem Fachanwalt überprüfen. Es ist wichtig, dass Sie sich vom Verkäufer möglichst viele Zusicherungen machen lassen, auf die Sie sich später im Zweifelsfall berufen können. Lassen Sie den Verkäufer versichern, dass der Boden einwandfrei ist, dass beispielsweise das Haus nicht vom Hausschwamm oder dem Holzwurm befallen ist; sorgen Sie dafür, dass der Verkäufer Ihnen bestätigt, dass alle Erschließungsbeiträge (für die Kanalisation, den Straßenbau, die Straßenbeleuchtung) bereits bezahlt wurden und dass der Verkäufer alle Beiträge bis zum Zeitpunkt des Kaufs übernimmt. In manchen Gemeinden werden nämlich die Rechnungen für eine Erneuerung der Straßenbeleuchtung, des Straßenbelags oder der Kanalisation erst viele Jahre nach dem Abschluss der Arbeiten zugestellt.

TIPPS UND HINWEISE
Lassen Sie sich versichern, dass für das Objekt kein Mietvertrag besteht und dass auf das Grundstück keine Baulasten eingetragen sind.

Wenn Sie eine vermietete Eigentumswohnung erwerben, sorgen Sie dafür, dass der Verkäufer Ihnen die Kaution überweist, ansonsten müssen Sie die Kaution dem Mieter beim Auszug aus eigener Tasche bezahlen. Wenn sich in der Immobilie Einrichtungsgegenstände wie Möbel befinden, müssen diese im Kaufvertrag zusätzlich erwähnt werden. Das Heizöl im Tank gehört Ihnen – lassen Sie sich nicht einreden, Sie müssten es dem Verkäufer gesondert abkaufen.

TIPPS UND HINWEISE
Suchen Sie sich zudem den Notar selbst aus.

Manche Verkäufer kennen den Notar bereits seit längerem und haben daher möglicherweise einen gewissen Einfluss auf ihn. Die Tätigkeit des Notars ist eine Dienstleistung wie jede andere, für die Sie als Käufer zahlen. Daher sollten Sie auch bestimmen, welchen Notar Sie möchten. Scheuen Sie sich nicht, ein Notariat in einer ganz anderen Stadt oder in einem anderen Bundesland zu beauftragen. Auf jeden Fall sollten Sie im Zweifelsfall einen Notar meiden, den Ihnen der Verkäufer oder der Immobilienmakler vorschlägt. Sie können nie wissen, ob nicht persönliche Bindungen bestehen. Insbesondere in kleineren und dörflichen Gemeinden sind solche engen Verquickungen nie auszuschließen.

IRRTÜMER

DIE RENDITE VERMIETETER OBJEKTE

Die Rendite vermieteter Objekte ist weitaus geringer, als die meisten Interessenten meinen. Eine Studie geht davon aus, dass 24,6 Prozent aller vermieteten Eigentumswohnungen überhaupt keinen Gewinn abwerfen.[31] Drei Millionen Vermieter in Deutschland verdienen mit ihrer vermieteten Wohnung gar nichts.

Einer Untersuchung des DIW (Deutsches Institut für Wirtschaftsforschung) zufolge erzielten vermietete Eigentumswohnungen im Durchschnitt eine Nettorendite zwischen 1,5 und zwei Prozent.[32] Jeder zweite Vermieter kommt auf weniger als zwei Prozent. 8,5 Prozent schreiben sogar rote Zahlen.

Was viele Käufer darüber hinaus unterschätzen: Die Kosten sind beträchtlich; dies bezieht sich nicht nur auf die sogenannten Erwerbsnebenkosten, die bei weit über zehn Prozent liegen können, sondern auch auf die laufenden Ausgaben.

Die Erwerbsnebenkosten steigen ständig. Etliche Bundesländer haben die Föderalismusreform genutzt, um großzügig an der Steuerschraube zu drehen.

Die Grunderwerbsteuer, die einmalig beim Kauf einer Immobilie fällig wird, lag früher einheitlich bei 3,5 Prozent. Seitdem aber die Länder selbst über die Höhe entscheiden dürfen, wurde sie fast überall drastisch angehoben. Nur in Bayern und Sachsen blieb es bislang bei 3,5 Prozent. Spitzenreiter sind die Bundesländer Saarland, Nordrhein-Westfalen und Schleswig-Holstein mit 6,5 Prozent. Berlin und Hessen folgen mit 6,0 Prozent. Selbst das Stammland der Häuslebauer, Baden-Württemberg, hat die Grunderwerbsteuer auf fünf Prozent erhöht.

Zu den Erwerbsnebenkosten zählen die Auslagen für den Notar und die Grundbucheintragung (bis zu 1,5 Prozent) sowie die Courtage für den Immobilienmakler, die je nach regionalen Gepflogenheiten zwischen 3,5 und 7,1 Prozent beträgt.

Erheblich sind aber auch andere Kosten. Beispielsweise sind etliche Ausgaben, die zur Hausverwaltung und zur Instandhaltung sowie Instandsetzung zählen, nicht umlagefähig. Instandhaltung bedeutet, dass Schäden beseitigt werden, die aus dem Alter des Gebäudes, der Witterung und der allgemeinen Abnutzung resultieren. Auch die Rechtsschutzversicherung des Vermieters, eine Mietausfallversicherung, Kontoführungsgebühren oder Prozesskosten sind nicht umlagefähig.

Ausnahmen sind möglich durch spezielle vertragliche Verpflichtungen, die dem Mieter aufgebürdet werden. Hierzu gehören Schönheitsreparaturen und Kleinreparaturen bei Bagatellschäden, die dem Mieter bis zu einer Höchstgrenze auferlegt werden können.

IRRTÜMER

TIPPS UND HINWEISE
Umlegbare Kosten sind die Kosten der Wasserversorgung und Entwässerung, die Grundsteuer, die Heizungs- und Warmwasserkosten, die Kosten für den Betrieb eines Aufzugs, die Müllabfuhr und die Straßenreinigung sowie die Gartenpflege, die Hausreinigung, die Schornsteinreinigung, den Hauswart (sofern er keine Instandsetzung, Hausverwaltung oder Instandhaltung vornimmt), die Gebäude- und die Gebäudehaftpflichtversicherung sowie die Nutzung des TV-Kabelnetzes.

Etliche private Vermieter scheuen sich, Mieterhöhungen durchzusetzen, und gehen Konflikten aus dem Weg.

Die Rendite von vermieteten Eigentumswohnungen ist daher eher bescheiden. Bedenkt man außerdem das Ri-

siko, an einen Mietnomaden zu geraten, horrende Miet-
ausfälle zu erleben und andere Unwägbarkeiten, dann
ist ein Immobilieninvestment geradezu risikoreich. Dies
gilt insbesondere dann, wenn man andere Anlageformen
zum Vergleich heranzieht.

WIE BERECHNEN SIE DIE RENDITE EINER VERMIETETEN EIGENTUMSWOHNUNG?

Experten unterscheiden zwischen der Brutto- und der
Nettomietrendite. Bei der Bruttomietrendite müssen Sie
einfach die eingenommene Miete durch den Kaufpreis
dividieren und in Prozent umwandeln.

Ein Beispiel: Der Kaufpreis für eine Eigentumswohnung
beträgt 200.000 Euro (die Nebenerwerbskosten wie die
Maklercourtage, Notarkosten und die Grunderwerbsteuer
bleiben unberücksichtigt). Sie bekommen als Nettokaltmiete (also ohne Nebenkosten wie beispielsweise Hei-
zung) von Ihrem Mieter im Monat 800 Euro. Im Jahr sind
dies 9.600 Euro. Wenn Sie nun 9.600 Euro durch den
Kaufpreis teilen, kommen Sie auf eine Bruttomietrendite
von 4,8 Prozent.

Rechenbeispiel:
Kaufpreis einer Eigentumswohnung .... 200.000 Euro
Nettokaltmiete
(ohne Nebenkosten) jährlich .... 9.600 Euro

Bruttomietrendite: 9.600 Euro/200.000 Euro = 4,8 Prozent

Diese Kennzahl ist jedoch für ein Immobilieninvestment wenig aussagekräftig, da ein Großteil der Kosten
ausgeblendet wurde. Wesentlich informativer ist die Nettomietrendite. Bei ihr werden die Erwerbsnebenkosten

(Grunderwerbsteuer, Maklercourtage, Notar- und Grundbuchgebühren) vollständig berücksichtigt. Bei den Mieteinnahmen wird sorgfältig unterschieden, ob Kosten auf den Mieter umgelegt werden können oder nicht. Nicht umlagefähige Kosten werden von den Mieteinnahmen abgezogen, sodass nur der Mietreinertrag in die Berechnung mit einfließt.

Die Berechnung sieht folgendermaßen aus:

Berechnung der Gesamtkosten des Wohnungskaufs
Kaufpreis einer Eigentumswohnung .... 200.000 Euro
Grunderwerbsteuer (Berlin: 6%) .... 12.000 Euro
Notargebühr (1,5%) .... 3.000 Euro
Grundbucheintragung .... 250 Euro
Maklercourtage (7%) .... 14.000 Euro
Gesamtkosten Wohnungskauf .... 229.250 Euro

Berechnung des Mietreinertrags
Jahresnettokaltmiete .... 9.600 Euro
nicht umlagefähige Nebenkosten .... 980 Euro
Mietreinertrag .... 8.620 Euro

Nettomietrendite: Mietreinertrag (8.620 Euro)/Gesamtkosten (229.250 Euro) = 3,8 Prozent

Die Nettomietrendite erhalten Sie, wenn Sie den Mietreinertrag (8.620 Euro) durch die Gesamtkosten für den Wohnungskauf (229.250 Euro) dividieren. In diesem Fall beträgt die Nettomietrendite 3,8 Prozent.

Wie Sie sofort erkennen können, liegt die Nettomietrendite von 3,8 Prozent deutlich unter dem Wert der Bruttomietrendite von 4,8 Prozent.

TIPPS UND HINWEISE
Machen Sie sich aber keine Illusionen. Eine Rendite von 3,8 Prozent ist schon ein absoluter Spitzenwert, der äußerst selten anzutreffen ist. Die meisten Kapitalanleger kommen im Immobilienbereich auf weniger als zwei Prozent.

Angesichts der Risiken, die mit Häusern und Eigentumswohnungen verbunden sind, ist das eine eher kümmerliche Rendite.

 IRRTUM:

FÜR LAIEN SIND INVESTMENTFONDS DIE BESTE WAHL

Viele, die sich etwas detaillierter und gründlicher mit der Altersvorsorge befasst haben, wählen häufig Investmentfonds als Anlageform. Die vermeintlichen Vorteile sind: Das Risiko wird über eine Vielzahl von Wertpapieren verteilt, der Fonds wird von einem erfahrenen Management aktiv betreut, und die Rendite ist höher als bei verzinslichen Anlagen. Der Anleger muss nur zugreifen, einige Fondsanteile erwerben und sie ins Depot legen und abwarten. Doch leider ist das falsch.

> **TIPPS UND HINWEISE**
> Investmentfonds sind für die Altersvorsorge kaum geeignet.

Hierfür gibt es mehrere Gründe: Haben Sie sich schon einmal gefragt, wer all die bunten Hochglanzbroschüren bezahlt, in denen diese Fonds angepriesen werden? Natürlich Sie! Die Gebühren bei Investmentfonds sind nämlich enorm hoch. Dies beginnt bereits beim sogenannten Ausgabeaufschlag.

→ Bei Aktienfonds beträgt diese Gebühr 5 bis 6 Prozent;
→ bei Rentenfonds, die Anleihen als Anlageschwerpunkt haben, nehmen die Investmentgesellschaften immerhin noch 3 Prozent, und

IRRTÜMER

→ bei den beliebten Mischfonds (die in Aktien und Anleihen investieren) beläuft sich die Gebühr im Schnitt
auf 4 bis 5 Prozent.

Ein solcher Aufschlag ist ein beachtlicher Kostenfaktor:
Erst wenn der Fonds um 5 oder 6 Prozent zugelegt hat,
bewegen Sie sich in der Gewinnzone. Studien zeigen,
dass die meisten Fonds diesen Rückstand kaum aufho-
len können. Die happigen Gebühren sind ein einziger
Nachteil, der die Gewinnchancen beträchtlich schmälert.

Falls Sie sich schlecht informiert haben, wird Sie aber
Folgendes noch mehr ärgern: Nicht alle Anleger zahlen
nämlich den Ausgabeaufschlag in voller Höhe. So wie
mancher Urlauber für die Hälfte des Flugpreises seine
Reise nach Mallorca antritt, gibt es auch hier verblüffen-
de Unterschiede. Wenn Sie sich kaum informiert haben,
wird Ihnen die Bank dreist die komplette Gebühr abknöpfen und beispielsweise für einen Aktienfonds fünf
Prozent kassieren. Andere Anleger sind möglicherweise
gerissener und schaffen es, für denselben Fonds nur 2,5
Prozent zu zahlen. Wie ist das möglich?

Dieser Ausgabeaufschlag ist nichts anderes als eine
Provision, die teilweise Ihr Bank-„Berater" und Ihre Bank
sowie die Investmentgesellschaft (die meist ebenfalls
der Bank gehört) erhalten. Wenn Sie nun Kunde bei einer Bank sind, die gerne hohe Provisionen für sich in
Anspruch nimmt, wird Sie Ihnen die gesamte Provision in
Rechnung stellen. Das sind vor allem jene Institute, die
zahlreiche Filialen und viel Personal unterhalten. Anders
sieht es bei Direktbanken aus, die ihre Geschäfte vorwiegend über das Internet abwickeln und so Kosten sparen
können. Aber auch hier bestehen feine Unterschiede. Der
Regelfall ist, dass Sie einen Rabatt von 50 Prozent bekommen. Statt fünf Prozent für einen Aktienfonds zahlen
Sie nur 2,5 Prozent Ausgabeaufschlag. Anleger, die sich
intensiv in die Materie eingearbeitet haben, sind aber

noch stärker im Vorteil. Der Wettbewerb im Bankensektor nimmt nämlich deutlich zu; daher sind einige Direktbanken bereit, vollständig auf die Provision zu verzichten. Bei diesen können Sie zu Sonderkonditionen Investmentfonds ohne jeglichen Ausgabeaufschlag erwerben. Jedoch sind solche Institute dünn gesät, und häufig wird die Auswahlmöglichkeit erheblich eingeschränkt. Oft sind nur einige wenige Investmentfonds zu solchen erstaunlichen Sonderkonditionen erhältlich.

Ein anderer Weg, der sich ebenfalls anbietet, ist der Erwerb über die Börse. Hierzu muss man wissen, dass Anteile an Investmentfonds von den Investmentgesellschaften direkt über die Banken vertrieben werden. Beim direkten Kauf werden fast immer Provisionen berechnet. Anders verhält es sich, wenn Sie über die Börse kaufen.

TIPPS UND HINWEISE
Seit einigen Jahren werden nicht nur Aktien, Derivate und Anleihen gehandelt, sondern auch Investmentfonds.

Eine Börse, die sich darauf spezialisiert hat, ist die Börse in Hamburg und in Hannover. Dort können Sie Investmentfonds ohne Ausgabeaufschlag erwerben. Allerdings hat diese Vorgehensweise Nachteile. Beim Kauf über die Börse werden nämlich ebenfalls Bankprovisionen fällig, die aber niedriger sein können als der gesamte Ausgabeaufschlag. Die kostengünstigste Variante ist immer noch, wenn Sie eine Direktbank finden, die im Rahmen von Sonderkonditionen vollständig auf die Provision verzichtet.

Falls Sie nun glauben, damit seien alle Gebühren abgegolten, dann irren Sie. Natürlich möchte das Fondsma-

IRRTÜMER

nagement noch eine jährliche Gebühr, die sogenannte jährliche Managementgebühr. Schließlich müssen die hoch qualifizierten und emsigen Mitarbeiter noch für die Wertpapierauswahl und die aufwändigen Analysen bezahlt werden. Diese Managementgebühr wird Ihnen nicht gesondert in Rechnung gestellt, sondern einfach aus dem Topf des Fonds entnommen. Bei einem Aktienfonds kann die jährliche Gebühr zwischen 1,5 und 2,0 Prozent liegen. Nach einer Erhebung des renommierten Fondsanalysehauses Morningstar liegt die jährliche Gesamtkostenquote bei aktiven Aktienfonds im Durchschnitt bei 1,75 Prozent.[33]

Damit ist das Ende der Fahnenstange aber keineswegs erreicht; denn das Fondsmanagement kann zusätzlich eine Performance Fee erheben. Hinter diesem englischen Fachbegriff verbirgt sich nichts anderes als eine erfolgsabhängige Gebühr. Wenn die Fondsverwaltung eine Wertsteigerung erzielt, kann sie sich eine zusätzliche Erfolgsgebühr genehmigen, die unmittelbar aus dem Topf des Fonds entnommen wird.

Nun werden Sie wie folgt argumentieren: Wenn der Fonds in einem Jahr eine sensationelle Leistung erbracht hat (wie beispielsweise ein Plus von 30 Prozent), ist ein solches „Trinkgeld" für das Fondsmanagement sicherlich gerechtfertigt. Doch wenn Sie so denken, kennen Sie die Finanzbranche schlecht. Dort wird der Erfolg nämlich sehr merkwürdig definiert.

Nehmen wir einmal an, der deutsche Aktienmarkt hat in einem Jahr ein Minus von 10 Prozent gemacht. Dem Fonds, den Sie für Ihre Altersvorsorge ausgewählt haben, ist es gelungen, nur mit einem Minus von 8 Prozent abzuschneiden. In diesem Fall haben einige Investmentfonds bereits eine „Erfolgsgebühr" beansprucht, obwohl das Ergebnis negativ ist. Doch die Finessen reichen noch viel weiter; so haben einige Fondsmanager festgelegt, dass der Erfolg vierteljährlich ermittelt wird. Wenn beispielsweise ein Aktienfonds in einem Jahr nur Verluste erwirtschaftet hat, aber es ihm gelang, in zwei Quartalen ein kleines Plus vorzuweisen, wird die Erfolgsgebühr zweimal fällig. Möchten Sie solchen Fonds wirklich Ihre Altersvorsorge anvertrauen?

Es wurden zahlreiche wissenschaftliche Studien vorgelegt, die besagen, dass Investmentfonds langfristig meist deutlich schlechter als der Marktdurchschnitt performen.

Eine Studie zeigt, dass bei Investmentfonds auf den deutschen Aktienmarkt lediglich 25 Prozent den Marktdurchschnitt übertreffen und damit eine Überrendite liefern.[34] Noch schlechter fällt die Bewertung bei Investmentfonds mit einem globalen Anlageschwerpunkt aus. Bei diesen sind nur 20 Prozent der untersuchten Fonds besser als der Marktdurchschnitt.

Dieses Ergebnis ist nicht weiter verwunderlich, wenn man berücksichtigt, welche Kosten mit einem Fondsinvestment verbunden sind: Ein üppiger Ausgabeaufschlag, jährliche Managementgebühren und eventuell eine Performance Fee. Die Mehrzahl aller Fonds schneidet schlechter als der Markt ab. In den meisten Fällen sind Indexfonds (ETFs), die nur einen Markt passiv abbilden, im Vorteil. ETF steht für „Exchange Traded Funds", also börsengehandelte Indexfonds.

IRRTÜMER

	Investmentfonds	ETF
Investmentsumme	5.000 Euro	5.000 Euro
Ausgabeaufschlag (5%)	250 Euro	0 Euro
Jährliche Managementgebühr (Investmentfonds: 1 % ETF: 0,15 %)	50 Euro	7,50 Euro
Bankprovision Wertpapierkauf	-	6 Euro
Depotgebühr	0 Euro	0 Euro
Gesamtkosten	300 Euro	13,50 Euro

Die meisten Fondsmanager vermeiden es ohnehin, riskante Anlageentscheidungen einzugehen. In zahlreichen Fällen werden nur solche Aktien ausgewählt, die den Markt ziemlich exakt widerspiegeln.

Nehmen wir als Beispiel einen Aktienfonds auf dem deutschen Aktienmarkt. Die meisten dieser Fonds umfassen die Schwergewichte, die auch im DAX enthalten sind – nämlich Unternehmen wie Daimler, BASF, Bayer, Deutsche Bank, VW und andere. Manche Aktienfonds unterscheiden sich nur ganz geringfügig vom DAX. Warum? Fondsmanager haben große Angst, zu weit vom Markt abzuweichen. Wenn der Fonds nämlich schlecht läuft, könnte dies sehr schnell das unrühmliche Ende ihrer Laufbahn bedeuten. Daher neigen die meisten Fondsmanager dazu, sich möglichst marktkonform zu verhalten. Erweist sich der Fonds als Verlierer, liegt es eben am Aktienmarkt. Die hoch bezahlten Experten müssen dann persönlich keine Verantwortung übernehmen. Spöttisch könnte man formulieren: Etliche Aktienfonds sind geringfügig abgewandelte Indexfonds, die den Markt mit besonders hohen Gebühren abbilden.

TIPPS UND HINWEISE
Lohnen sich also Investmentfonds für die Altersvorsorge? Die relativ eindeutige Antwort lautet: Nein. Die Gebühren sind viel zu hoch, und die Ergebnisse fallen mehr als dürftig aus.

Eine Studie aus Schweden der beiden Wissenschaftler Andriy Bodnaruk und Andrei Simonov zeigt, dass Fondsmanager schlechter abschneiden als Privatanleger, die in Indexfonds investieren, die einen Marktdurchschnitt abbilden.[35]

Auch hinsichtlich der Risikostreuung sind professionelle Fondsmanager nicht besser aufgestellt als Privatanleger. Die beiden Initiatoren der Studie raten vermögenden Anlegern sogar ausdrücklich, auf die Hilfe von Fondsmanagern zu verzichten. Der Faktor Erfahrung werde an den Finanzmärkten völlig überschätzt.

Nur in sehr wenigen spezifischen Fällen könnte ein Investmentfonds eventuell mit Einschränkungen interessant sein. Beispielsweise wenn Sie in Aktien aus exotischen Ländern investieren wollen wie Wertpapiere aus Bangladesch oder der Mongolei oder wenn Sie eine ungewöhnliche Branche abdecken möchten (beispielsweise Immobilien von Krankenhausbetreibern). In manchen Fällen werden solche Länderfonds vor Ort gemanagt. Die Fondsleitung hat dadurch die Möglichkeit, sich besser zu informieren und einzelne Unternehmen genauer unter die Lupe zu nehmen. Trotz dieser höheren Expertise schneiden aber selbst diese Fonds langfristig kaum besser ab als der Marktdurchschnitt.

Solche exotischen Anlageschwerpunkte sind ohnehin nicht ratsam und mit weitaus höheren Risiken verbunden.

IRRTÜMER

IRRTUM:

RIESTER-VERTRÄGE LOHNEN SICH

Der Riester-Vertrag wurde von der rot-grünen Bundesregierung eingeführt, um die Verluste auszugleichen, die durch die Absenkung des Rentenniveaus im Rahmen der Agenda 2010 entstanden sind. Es handelt sich folglich nicht um ein großzügiges Geschenk des Staates, sondern um eine Notwendigkeit, damit im Alter niemand arm wird. Durch die private Vorsorge sollte die klaffende Lücke geschlossen werden, die sich durch die Rentenreform ergibt.

Bei diesem sozialpolitischen Eingriff wurde das Rentenniveau bis 2020 auf 46 Prozent und bis 2030 auf 43 Prozent gesenkt. Diese Zahl beschreibt das Verhältnis der sogenannten Standardrente, die nach 45 Beitragsjahren bei einem Durchschnittseinkommen erreicht wird, zum Bruttoeinkommen. Die Rente ist dabei noch nicht versteuert, und es sind auch noch keine Sozialversicherungsbeiträge entrichtet worden. Um diese drastische Absenkung abzufedern, wurde die private Altersvorsorge durch die Einführung der Riester-Rente gestärkt.

In der Theorie mag dieser Schritt plausibel erscheinen, aber letztlich ist der Riester-Vertrag in der Praxis vollständig gescheitert. Gerade die Menschen, die am dringendsten für ihr Alter vorsorgen sollten, um der Altersarmut zu entrinnen, schließen keinen Riester-Vertrag ab. Doch das ist nicht die Schuld der Betroffenen: Die meisten haben im Monat zu wenig übrig, um damit noch privat für ihr Alter vorzusorgen. Und selbst wenn es ihnen gelänge, sich ein paar Euro zurückzulegen, bliebe ihnen davon im Alter nichts, wenn sie mit ihrer gesetzlichen Rente unter dem Existenzminimum liegen würden. Die Riester-Rente wird nämlich vollständig auf die Grundsicherung angerechnet. Der Einzige, der dann von diesen Anstrengungen profitiert, ist der Staat, der weniger für notleidende Rentner aufwenden muss.

Es wäre sinnvoller gewesen, wenn diejenigen, die sich schon die Mühe machen, in einen Riester-Vertrag einzuzahlen, die Riester-Rente in voller Höhe erhalten, auch wenn sie auf die Grundsicherung angewiesen sind. Von dieser Benachteiligung sind viele Frauen im Westen betroffen, und vor allem Alleinerziehende.

Auch für die restliche Bevölkerung ist das „Riestern" eine mehr als fragwürdige Form der Altersvorsorge. Zwar gewährt der Staat relativ großzügige Zulagen, die vor allem kinderreichen Familien zugutekommen, und Steuervorteile, aber die von der Finanzbranche erhobenen Provisionen sind so hoch, dass unter dem Strich kaum etwas übrig bleibt.[36]

Eine Studie geht davon aus, dass man mindestens 90 Jahre alt werden müsste, nur um die eingezahlten Beiträge ohne jegliche Rendite zurückzuerhalten.[37]

Wer für seine Beiträge zumindest Zinsen auf Sparbuchniveau von weniger als einem Prozent erhalten möchte, sollte der Studie zufolge mindestens hundert Jahre alt werden.

In einer Modellrechnung wurde herausgefunden, dass ein 35-Jähriger, der 2001 eine Riester-Rente abgeschlossen hat, erst im Alter von 78 Jahren alle Beiträge über die Rente ohne jegliche Verzinsung zurückerhält. Dabei wurde davon ausgegangen, dass er mit 67 Jahren in den Ruhestand tritt.[38] Bei einigen Anbietern war es noch weitaus schlimmer: Dort musste man über 90 Jahre alt werden, nur um die eingezahlten Beiträge über die Rente herauszubekommen – und dies ohne jegliche Rendite (also mit einer Nullverzinsung). Dabei bleibt die Geldentwertung völlig unberücksichtigt. Zynisch formuliert: Im Prinzip kann man bei solchen Angeboten gleich das Ersparte unter der Matratze horten.

Besonders dreist sind die verwendeten Sterbetabellen: Die meisten Angebote gehen bei einem heute 50-Jährigen von einer Lebenserwartung von 95 Jahren aus; manche Anbieter legen sogar eine Lebenserwartung von 103 Jahren zugrunde. Mit solchen Kalkulationen werden die Sparer benachteiligt, da durch solche Annahmen die Riester-Rente deutlich sinkt.

Angesichts dieser Ergebnisse ist eigentlich jedes Wort, das man über den Riester-Vertrag verliert, eine Zeitverschwendung. Dasselbe gilt übrigens für den Rürup-Vertrag, der noch schlechtere Konditionen aufweist (das Vermögen ist in diesem Fall nicht vererbbar), und für den Wohn-Riester, bei dem sogar ein Förderkonto mit einer fiktiven, vom Staat festgelegten Verzinsung errichtet wird. Sie dürfen dann die Vorteile aus diesem Vertrag bis zu Ihrem 85. Lebensjahr an den Staat zurückzahlen.[39] Wenn Sie Ihre Immobilie verkaufen, müssen Sie innerhalb von fünf Jahren eine neue kaufen, oder Sie müssen die Vorteile sofort zurückerstatten.

Diese bürokratischen Ungetüme als sinnvolle Altersvorsorge zu bezeichnen grenzt an Satire.

 IRRTUM:

ANLEIHEN SIND SICHERER ALS AKTIEN

Was ist eigentlich eine Anleihe? Eine Anleihe ist nichts anderes als eine Art Schuldschein. Der Herausgeber verspricht Ihnen regelmäßige Zinsen (meist jährlich) und zahlt Ihnen am Ende der Laufzeit den Betrag, den Sie dem Betreffenden geliehen haben, zurück.

Sie haben wahrscheinlich eine Vielzahl von Begriffen aus diesem Bereich gehört, die Sie verwirren. Man spricht von Schuldverschreibungen, Obligationen, Bonds, Anleihen, Pfandbriefen. Was bedeuten nun diese Fachbegriffe?

Eine Anleihe wird juristisch eine Schuldverschreibung genannt, weil der Schuldner dem Gläubiger den Betrag samt Zinsen zurückzahlen muss.

Inhaber einer Anleihe stehen bei einer etwaigen Insolvenz an erster Stelle, während Aktionäre zuletzt aus der Vermögensmasse abgefunden werden. Es gibt allerdings Sonderfälle wie die sogenannten nachrangigen Anleihen. Bei diesen ist der Gläubiger wesentlich schlechter gestellt. Die Bezeichnung „Obligation" und „Bond", wie Anleihen im Englischen heißen, meinen dasselbe.

In den letzten Jahren wurden immer neue Finanzinstrumente erfunden, die ungewöhnliche Ausstattungsmerkmale besitzen. Generell wird zwischen Staatsanleihen und Unternehmensanleihen differenziert. Bei den staatlichen Anleihen haben sich in Deutschland bestimmte Bezeichnungen fest eingebürgert: Anleihen des Bundes mit einer Laufzeit von zehn Jahren nennt man Bundesanleihen; haben sie eine Laufzeit von fünf Jahren, dann spricht man von einer Bundesobligation. Handelt es sich um eine Laufzeit von zwei Jahren, dann tragen sie die Bezeichnung Finanzierungsschätze.

Sie sollten folglich wegen der etlichen unterschiedlichen Begriffe nicht verzagen: Gemeint sind immer Anleihen. Bisweilen spricht man auch von Renten, weil (zumindest bei herkömmlichen Anleihen) ein regelmäßiger Zinsbetrag ausgeschüttet wird.

Weiterhin unterscheidet man zwischen Anleihen inländischer und ausländischer Emittenten. Bei ausländischen Anleihen muss man beachten, ob es sich um Euro-Auslandsanleihen oder um Anleihen in einer Fremdwährung handelt. Doch damit nicht genug: Es gibt noch eine Reihe weiterer Sonderformen – zum Beispiel die Doppelwährungsanleihe, bei der die Zinsen in der einen, die Tilgung (d.h. die Rückzahlung) in der anderen Währung beglichen werden. Kommunalobligationen werden von den Gemeinden begeben; Pfandbriefe, die gleichfalls häufig von Gemeinden als Finanzierungsinstrument genutzt werden, haben zusätzlich eine sogenannte dingliche Sicherung, d.h. als Sicherheit werden Immobilien mit einer Grundschuld belastet; daher gelten Pfandbriefe, die übrigens im 18. Jahrhundert in Preußen erfunden wurden, als relativ sicher und weisen deshalb geringfügig niedrigere Zinssätze auf als vergleichbare Anleihen. Neben diesen eher konventionellen Anleiheformen werden auch kompliziertere Wertpapiere wie die Optionsanleihe, die Wandelanleihe („convertible bond"), der Zerobond (die Nullkuponanleihe) und der Genussschein (Partizipationsschein) angeboten.

TIPPS UND HINWEISE
Besonders skeptisch sollten Sie sein, wenn Anleihen mit einem hohen Zinssatz ausgestattet sind. Mit ein wenig Fachkompetenz lassen sich solche dubiosen Offerten meist sehr schnell entlarven.

Die Finanzmärkte zeichnen sich durch eine relativ hohe Effizienz aus, d.h. durch bestimmte Marktmechanismen gleichen sich die Zinssätze zügig an. Abweichungen sind selten und nie besonders ausgeprägt. Eine Anleihe, die sieben Prozent Zinsen verspricht, während andere nur mit einem Zinssatz von einem Prozent ausgestattet sind, gibt es nicht – es sei denn, es sind damit sehr hohe Risiken verknüpft. Bei Traumrenditen sollten Sie äußerst skeptisch sein. Lassen Sie sich nicht darauf ein. Eine Anleihe, die auch nur einen halben Prozentpunkt höher notiert als eine andere Schuldverschreibung, birgt stets höhere Risiken, auch wenn Sie diese nicht sofort erkennen können.

Wenn beispielsweise das Land Berlin eine Anleihe herausgibt, zahlt es im Vergleich zur Bundesregierung immer einen geringfügig höheren Zinssatz, auch wenn alle anderen Aspekte (Laufzeit, Nominalzins) identisch sind. Der Grund: Ausländische Investoren, die mit den deutschen Verhältnissen nicht so vertraut sind, befürchten, Berlin könnte eines Tages vielleicht nicht zahlen.

Das ist natürlich Unsinn, da der Bund in einem solchen Fall einspringen müsste. Außerdem ist die Finanzlage trotz einiger Schwierigkeiten nicht so bedenklich, dass ein Ausfall in der unmittelbaren Zukunft zu befürchten wäre. Ausländische Anleger kennen aber diesen Zusammenhang nicht und fordern daher eine höhere Rendite von Berlin-Anleihen. In diesem Fall geht die schlechtere

IRRTÜMER

Einstufung auf mangelnde Sachkenntnis zurück. In den meisten Fällen jedoch hat es immer einen konkreten Grund, wenn eine Anleihe eine höhere Rendite abwirft. Ausländische Großinvestoren recherchieren sehr genau die Konditionen und kennen oft die Hintergründe. Wenn Sie daher eine Schuldverschreibung finden, die einen attraktiven Coupon bietet, obwohl sonst nur niedrige Zinsen zu finden sind, wird irgendwo der Haken liegen.

TIPPS UND HINWEISE
Ein solches vermeintliches Schnäppchen lohnt sich nie – im schlimmsten Extremfall verlieren Sie alles, wenn der Herausgeber zahlungsunfähig wird.

Wenden wir uns nun den Ausstattungsmerkmalen einer Anleihe zu.

Eine bedeutsame Unterscheidung ist die Nominal- und die Realverzinsung. Wenn Sie eine Anleihe in den Händen halten könnten (was jedoch selten ist, da Wertpapiere heutzutage nahezu ausschließlich elektronisch verwaltet werden), sehen Sie dort einen Zinssatz – zum Beispiel: 2,5 Prozent. Diese 2,5 Prozent bezeichnet man als den Nominalzins; wenn Sie eine Neuemission (also eine neue Anleihe) kaufen, dann ist dieser Nominalzins im Prinzip zugleich die eigentliche Rendite.

Wenn Sie keine Neuemission erwerben, sondern die Anleihe an der Börse kaufen, gilt es, bestimmte Punkte zu beachten. Eine Anleihe kann unter oder über „pari" notieren. Sie werden sich fragen: Was bedeutet dies? Stellen Sie sich einmal vor, innerhalb eines Jahres würde der Nominalzins der neu begebenen Anleihen von 2,5 Prozent auf 3 Prozent ansteigen. Wenn Sie nun bereits im Jahr zuvor eine Anleihe mit einem Zinssatz von 2,5

Prozent gekauft haben, so werden Sie (vermutlich ver-
blüfft) feststellen, dass der Kurs gesunken ist – die Experten sagen: Die Anleihe notiert unter pari.

Für Personen, die nicht mit solchen Wertpapierge-
schäften vertraut sind, erscheint dies erstaunlich; denn
Sie werden einwenden, dass eine Anleihe schließlich zu
hundert Prozent zurückbezahlt wird. Dieser Einwand ist
vollkommen richtig; nur ist die Börse ein Finanzmarkt,
auf dem Preise von Wertpapieren ausgehandelt werden.
Dadurch dass die Umlaufrendite gestiegen ist (d.h. die
aktuellen Anleihen sind mit einem höheren Zinssatz ausgestattet), werden die älteren Anleihen, die nur 2,5 Prozent aufweisen, mit einem Abschlag an der Börse notiert.
Der Abschlag (das sogenannte Disagio) ist so groß, dass
sich eine Verzinsung ergibt, die der durchschnittlichen
Umlaufrendite entspricht.

Eine Anleihe, deren Nominalzins unter der Umlaufrendite liegt, wird im Kurs so lange sinken, bis sie dem
Durchschnitt entspricht. Eine Anleihe, deren Nominalzins
über der jetzigen Umlaufrendite liegt, wird im Kurs steigen, sodass das Papier über pari notiert.

Sie werden sich fragen, wie Sie davon profitieren können und welche Gesichtspunkte es zu beachten gilt.

Wenn sich für die Zukunft ein höheres Zinsniveau ab-
zeichnet, sollten Sie nur Kurzläufer kaufen, d.h. Anleihen,
die in einigen Monaten fällig werden.

Wenn Sie nämlich eine Schuldverschreibung mit einer
mittelfristigen oder langfristigen Laufzeit erwerben, werden Sie sich spätestens dann ärgern, wenn das Zinsniveau höher liegt. Der Kurs Ihrer Anleihen wird – weil
sie mit einem niedrigeren Nominalzins ausgestattet ist
– sinken. Wenn Sie nun an der Börse Ihre Papiere veräußern wollen, werden Sie einen erheblichen Abschlag in
Kauf nehmen müssen. Sie können natürlich auch bis zur
Endfälligkeit warten; denn Anleihen werden am Tag der

Fälligkeit zu hundert Prozent getilgt – jedoch müssten Sie sich dann mit dem niedrigeren Nominalzins zufrieden geben.

> **TIPPS UND HINWEISE**
> Am sinnvollsten ist es aus strategischer Sicht, wenn Sie bei einem niedrigen Marktzins nur Kurzläufer erwerben und bei einem hohen Marktzins vor allem Anleihen mit einer langen Laufzeit.

Woher aber weiß ich, ob der Marktzins hoch oder niedrig ist und in welche Richtung er tendiert? Diese Frage beschäftigt selbst Experten, und die meisten Prognosen in diesem Bereich können völlig unzutreffend sein. Im Prinzip lässt sich aber eine gewisse Grundtendenz angeben, da die Kapitalmarktzinsen periodisch schwanken und langfristig immer in eine bestimmte Richtung gehen.

ANLEIHEN IM 21. JAHRHUNDERT

Unsere Epoche ist eine äußerst seltene Ausnahme in der Wirtschaftsgeschichte. Mittlerweile liegt die Umlaufrendite bei unter 0,30 Prozent, was ein Rekord ist, den es noch niemals seit Menschengedenken gab. Allein diese Zahl zeigt, dass wir nicht in normalen Zeiten leben.

Der Grund für dieses rekordverdächtige Niedrigzinsniveau ist die große Angst der Zentralbanken vor einer Deflation, wie es sie bereits zur Zeit der Weltwirtschaftskrise von 1929 gab. Die Leitzinsen wurden daher auf den niedrigsten Stand abgesenkt, den es jemals in der Wirtschaftsgeschichte gab. In der Eurozone liegt der Leitzins Anfang 2015 bei unvorstellbaren 0,05 Prozent. Auch in

Japan und in den USA schwanken die Leitzinsen in einem Korridor zwischen 0 und 0,25 Prozent. In Schweden wurden die Leitzinsen sogar unter null gesenkt. Das bedeutet: Banken müssen für Guthaben dort Strafzinsen entrichten. Hinzu kommen in etlichen Ländern umfangreiche Ankäufe von Staatsanleihen – insbesondere in Japan und in den USA, aber auch in Europa. Aber trotz dieser Niedrigzinsen springt die Konjunktur nur verhalten an.

In Japan liegt die Staatsverschuldung inzwischen bei unvorstellbaren 240 Prozent des Bruttoinlandsprodukts. In Tokio können sich etliche Banken nur noch dank der großzügigen Finanzspritzen der Zentralbank am Leben erhalten. Kritiker nennen diese Kreditinstitute „Zombie-Banken", die eigentlich längst am Ende sind.

In den USA hat die Notenbank, die Federal Reserve, im großen Stil Staatsanleihen aufgekauft, um die Geldmenge zu vergrößern. Die Bilanzsumme der US-Zentralbank ist im Zeitraum von 2009 bis Oktober 2014 auf 4,5 Billionen US-Dollar gestiegen.[40] Insgesamt gab die US-Notenbank mehr als 3,5 Billionen US-Dollar seit 2008 aus, um die hartnäckige Krise zu bekämpfen.

Im Jahr 2015 hat die Europäische Zentralbank (EZB) angekündigt, dass sie monatlich für 60 Milliarden Euro Staatsanleihen aus der Eurozone erwerben will, um zu verhindern, dass die Region immer mehr in einer Deflation versinkt.[41]

Manche führen die sich abzeichnende Deflation darauf zurück, dass einige Schwellenländer wie China sich weigern, die eigene Währung (den Renminbi) aufzuwerten. Dadurch sind chinesische Waren wesentlich billiger, und die Exportwirtschaft boomt. Für die entwickelten Länder bedeutet dies aber, dass die Preise ständig sinken, was eine verhängnisvolle Deflationsspirale in Gang setzt.

Es wurden schon Stimmen laut, dass diese deflationäre Tendenz darauf hindeuten könnte, dass wir uns mitten in einer Weltwirtschaftskrise befinden, die 2007/2008 begonnen hat.

Langfristig könnte dies dazu führen, dass das Weltwährungssystem in eine schwere Krise gerät und es zu geopolitischen Verwerfungen kommt, wie sie in der Ukraine und im Nahen Osten zutage treten.

Besonders China hat durch die florierende Exportwirtschaft gigantische Währungsreserven angesammelt. Peking verfügt allein über schätzungsweise vier Billionen US-Dollar, die vorwiegend in US-Staatsanleihen angelegt sind. Ende 2013 lag die Zahl offiziell bei 3,82 Billionen US-Dollar.[42] Sollte der Dollar eines Tages in Turbulenzen geraten, würde der gesamte chinesische Wohlstand auf dem Spiel stehen. Daher versucht China, die Währungsreserven zu diversifizieren, indem es zusätzlich auf Gold und den Euro setzt. Außerdem plant China langfristig, den Handel mit Renminbi (als Währungseinheit: Yuan) zu stärken, der bislang nicht zum freien Währungshandel zugelassen ist. Schon jetzt gibt es zahlreiche bilaterale Verträge mit verschiedenen lateinamerikanischen Ländern, wodurch der Handel direkt in Renminbi und nicht in US-Dollar abgewickelt wird. Auch in Frankfurt wurden die Voraussetzungen für den direkten Handel mit der chinesischen Währung geschaffen.[43]

TIPPS UND HINWEISE
Kaufen Sie Anleihen mit langer Laufzeit, wenn die Zinsen hoch sind; wenn die Umlaufrendite jedoch sehr gering ist (wie gegenwärtig), sollten Sie sich nur noch Papiere zulegen, deren Laufzeit wenige Monate beträgt.

Ein weiterer wichtiger Aspekt ist die sogenannte Bonität (Zahlungsfähigkeit) des Schuldners. Bei riskanten Anleihen kann es vorkommen, dass die Anleger nahezu alles verlieren.

Früher hielt man Staatsanleihen für relativ sicher; heute können wir über solche naiven Ansichten nur noch müde lächeln.

In der Geschichte gab es schon oft Staatsinsolvenzen, und in unserer Zeit sind Griechenland und Argentinien abschreckende Beispiele. Gerade bei Staatsanleihen ist besondere Vorsicht geboten; denn ein Staat kann ohne jegliche Rücksichtnahme mit einem Federstrich alle Anleihen für ungültig erklären.

Natürlich werden die Gläubiger einen solchen Schuldenschnitt nicht hinnehmen; aber wenn ein Staat einen solchen Cut beschließt, bestehen nur wenige Chancen, etwas dagegen zu unternehmen. Dennoch versuchen hartnäckige Gläubiger, dem Bankrotteur zumindest einige Nadelstiche zu versetzen.

Ein amüsantes Beispiel ist Folgendes: In New York beschlossen mehrere Fonds, ein Exempel an dem zahlungsunwilligen Argentinien zu statuieren. Als ein Segelschulschiff der argentinischen Marine vor der Küste von Ghana vor Anker lag, schafften es findige Anwälte in New York, in dem afrikanischen Land ein Gerichtsurteil zu erwirken, das das Schiff kurzerhand beschlagnahmte.[44] Die Regierung in Buenos Aires schäumte vor Wut und Empörung. Das harte Tauziehen dauerte etliche Wochen. Marinekadetten, die ursprünglich nur ein paar Tage im Hafen bleiben wollten, durften lange Zeit unter der tropischen Sonne schwitzen. Erst nach einem erbitterten juristischen Scharmützel ließ die Regierung von Ghana das Schiff ziehen.[45]

Politiker aus Staaten, die ihre Schulden an internationale Gläubiger nicht bezahlt haben, ziehen es seit dem vor, nicht mehr im regierungseigenen Jet in fremden Ländern zu landen, sondern weichen auf Linienflüge aus. In Deutschland versuchte ein Rechtsanwalt sogar, einen Dinosaurier aus Argentinien, der sich auf einer Ausstellung in Bayern befand, beschlagnahmen zu lassen.[46] Dem Fossil blieb die unheimliche Begegnung mit dem bayerischen Kuckuck erspart. Vielleicht hätte die Regierung in Buenos Aires künftig kein Rindfleisch mehr nach Bayern geliefert?

Übrigens entschied das Bundesverfassungsgericht bereits 2007, dass Argentinien alle Verpflichtungen gegenüber Anlegern in Deutschland erfüllen müsse. Allein in Deutschland sollen 30.000 Investoren von der Staatspleite des südamerikanischen Landes betroffen sein.

Das Land, das 2001 in die Zahlungsunfähigkeit rutschte, bezahlte Beamte daraufhin mit Schuldscheinen, und aus den Geldautomaten bekam man nur noch geringe Summen. Fremde Währungen auf Konten wurden auf der Basis eines staatlichen Zwangskurses umgetauscht. Später wurden sogar Pensionsfonds für die private Altersvorsorge verstaatlicht und in das Rentensystem integriert. Ausländische Gläubiger, die vertrauensvoll in argentinische Staatsanleihen investiert hatten, verloren über Nacht einen Großteil ihres Vermögens. In Argentinien mussten die Gläubiger beim Schuldenschnitt im Jahr 2001 auf 70 Prozent verzichten.

Nach diesen beklemmenden Erfahrungen werden Staatsanleihen, die früher aufgrund ihrer vermeintlichen Sicherheit zu Witwen- und Waisenpapieren stilisiert wurden, heute schon fast als „Teufelszeug" verdammt. Und das nicht zu Unrecht: In den vergangenen 200 Jahren haben Länder 279 Mal ihre Schulden nicht bezahlen können. Seit 1989 kam es immerhin zu 56 Staatsbankrotten weltweit.[47]

Grundsätzlich gilt: Das Zinsniveau ist derzeit so niedrig, dass Anleihen für die Altersvorsorge nicht infrage kommen. Auch die verzweifelte Suche einiger Anleger, nach einem Prozent mehr Rendite, könnte fatale Folgen haben. Denn das Risiko steigt beträchtlich.

Wie können Sie sich dagegen absichern? Es gibt Rating-Agenturen, die die Bonität der Schuldner weltweit einstufen und eine Skala entwickelt haben, anhand derer man die Zahlungsfähigkeit ziemlich genau ablesen kann.

Die höchste Einstufung ist ein Triple „AAA", während zwei „A" oder nur ein „A" eine geringere Bonität signalisieren; in all diesen Fällen wird davon ausgegangen, dass die Zinsen zuverlässig bedient werden. Aber verlassen sollten Sie sich darauf nicht. Auch die Pleite-Bank Lehman Brothers, die die Katastrophe von 2008 lawinenartig beschleunigte, wurde zwei Wochen vor ihrem endgültigen Zusammenbruch mit einem „AAA" eingestuft und hatte damit eine Bonität wie Norwegen oder Deutschland.

Man könnte sarkastisch formulieren: Glaube nie einer Bonitätseinstufung, die du nicht selbst vergeben hast.

Kritisch wird es ohnehin bereits bei einem B-Rating, das in „BBB", „BB" und „B" aufgefächert wird; in diesem Fall befindet sich der Schuldner bereits in wirtschaftlichen Schwierigkeiten, und es besteht die Befürchtung, dass die Zinsen nicht pünktlich überwiesen werden können oder dass Zinszahlungen gänzlich ausbleiben.

Bei einem C-Rating sind die Zinszahlungen bereits nicht mehr gewährleistet, und bei der Einstufung D ist der Schuldner zahlungsunfähig („D" steht für das englische Wort „default" – „Zahlungsausfall").

Zu den solidesten Staaten der Welt zählen neben Deutschland Norwegen, die Schweiz, Luxemburg und Singapur. Auch die USA, die Niederlande und Großbritannien werden als einigermaßen solide angesehen.

Besondere Risiken ergeben sich bei Fremdwährungsanleihen; denn Währungen können beträchtlich schwanken und trotz der höheren Verzinsung zu einem Verlust führen. Die höhere Verzinsung ist nur eine Art Risikozuschlag für eine Währungsspekulation.

In den Sechzigerjahren zahlte man für einen Dollar vier Mark. Im Februar 2015 ist ein Dollar nur noch 1,14 Euro wert. Dieser über Jahrzehnte sich abzeichnende Verfall des Dollars kommt zum Teil daher, dass andere Länder wie Japan und Deutschland Weltmarktanteile gewinnen konnten und sich die Außenhandelsbilanz veränderte. Zudem wurde die 1944 in Bretton Woods beschlossene Währungs- und Weltwirtschaftsordnung im Verlauf der Jahrzehnte modifiziert und erforderte grundlegende Veränderungen wie beispielsweise die Anfang der Siebzigerjahre beschlossene Freigabe der Währungen (das Floating) und die Entkoppelung des Dollars von der Einlösungspflicht in Gold, die schon vorher faktisch nicht mehr bestand. Seit dem haben die Währungsturbulenzen ständig zugenommen und Anlegern unangenehme Überraschungen beschert. Ende der Achtzigerjahre erfreuten sich Anleihen in Australischen Dollar großer Beliebtheit, da ihr Zinssatz weit über dem deutschen lag. Jedoch geschah dann das Furchtbare: Der Australische Dollar büßte permanent an Wert gegenüber der D-Mark ein, sodass schließlich enorme Verluste zu verzeichnen waren.

FAZIT
Zusammenfassend kann man sagen, dass Fremdwährungsanleihen ein beachtliches Währungsrisiko in sich bergen, das auch durch die höheren Zinsen häufig nicht angemessen ausgeglichen werden kann. Der Anleger sollte sich deshalb überlegen, ob es sich für ihn lohnt, dieses Risiko einzugehen.

DER ANLEIHENMARKT DER WELT

Was viele vielleicht erstaunt: Der Anleihenmarkt (den Fachleute „Rentenmarkt" nennen) ist viel größer als der Aktienmarkt. Den Löwenanteil haben die Staaten, denn fast jeder Staat benötigt Unmengen an Geld. Und so ist es nicht verwunderlich, dass Staatsanleihen mit Abstand die meisten Wertpapiere sind, die es auf diesem Globus gibt. Selbst die chinesische Regierung muss ihre Billionen, die sie durch den Export verdient, irgendwo anlegen. Die Zahl der Aktien selbst der meisten größeren Unternehmen ist viel zu klein, um solche riesigen Summen zu platzieren. Was bleibt der Regierung in Peking? Sie muss das riesige Vermögen aus der Exportwirtschaft in der einzigen Anlageform parken, die ausreichend groß ist, um solche Billionenbeträge aufzunehmen: amerikanische Staatsanleihen.

Auch alle Lebensversicherungen oder die betriebliche Altersversorgung setzen auf Staatsanleihen. Selbst Sie sind, wenn Sie Anspruch auf eine Betriebsrente haben oder eine Kapitallebens- oder Rentenversicherung Ihr Eigen nennen, indirekt Anleger in Staatsanleihen. Die meisten Lebensversicherungen sind randvoll mit Staatsanleihen. Auch viele Riester-Verträge, sofern Sie eine Rentenversicherung gewählt haben (wie die meisten Leute) oder falls Ihr Fondssparplan Rentenfonds enthält, beruhen auf Staatsanleihen. Die Staaten müssen schließlich ihre immensen Schulden irgendwo unterbringen, und sei es nur in der Kapitallebensversicherung von Herrn Müller und Frau Maier, die völlig ahnungslos sind und gar nicht wissen, dass sie über die vermeintlich sichere Altersvorsorge womöglich auch in Griechenland, Italien und Spanien engagiert sind.

Was besonders fragwürdig ist: Die Staaten fördern diese Praxis systematisch durch entsprechende Gesetze.

IRRTÜMER

Eine Versicherung, die Aktien von Daimler, BASF oder Henkel kauft, muss diese mit Sicherheiten unterlegen für den Fall, dass diese Unternehmen jemals Pleite gehen oder drastisch an Wert verlieren. Wenn die Versicherung hingegen italienische oder griechische Staatsanleihen in ihr Portfolio aufnimmt, braucht sie keine zusätzlichen Sicherheiten vorzuweisen. Was, glauben Sie, ist sicherer: Eine griechische Staatsanleihe oder eine Aktie von Henkel? Ich muss diese Frage nicht beantworten – Sie kennen die Antwort bereits.

So gesehen hängt das gesamte Wohlergehen vieler Menschen in Deutschland auf Gedeih und Verderb von Staatsanleihen ab. Wehe ihnen, wenn es jemals zu einem Zahlungsausfall kommen sollte. Zu fast 90 Prozent hängen Versicherungen, Banken und Pensionsfonds, die auch Betriebsrenten verwalten, von Staatsanleihen ab. Dies müssen nicht immer griechische, spanische oder italienische Papiere sein, aber schon allein die niedrigen Zinsen, die derzeit die Märkte beherrschen, können geradewegs in die Altersarmut führen.

Sollte jemals ein größerer Staat nicht mehr in der Lage sein, seine Schulden zu tilgen, dürfte es um Ihre persönliche finanzielle Zukunft schlecht bestellt sein. Eine launische Regierung könnte sich trotz aller Proteste weigern, ihren Verpflichtungen nachzukommen. Es ist ohnehin erstaunlich, dass ein Land wie Griechenland, dem bereits über 100 Milliarden Euro erlassen wurden, nun noch einen zweiten umfassenden Schuldenschnitt fordert. Und die Wahrscheinlichkeit ist sehr groß, dass in Zukunft noch viele andere Länder einen Schlussstrich unter ihre desolate Haushaltspolitik ziehen wollen. Doch nicht alle Investoren werden gleichermaßen bei einem solchen Schuldenschnitt zur Kasse gebeten.

Bei der Emission von Anleihen wird im Prospekt angegeben, welche Jurisdiktion zuständig ist. Um das Vertrauen der ausländischen Investoren zu gewinnen, wurde bei manchen Schuldverschreibungen als Rechtssystem nicht selten das von Großbritannien oder das der Schweiz angegeben, sodass sich dort auch der Gerichtsstand befindet. Als Griechenland einen Schuldenschnitt vornahm, wurden nur die Anleihen mit jenen Konditionen wertlos, die Griechenland als Gerichtsstand hatten. Wer hingegen griechische Anleihen besaß, für die die Jurisdiktion der Schweiz oder Großbritanniens galt, erhielt sämtliche Zinsen und die gesamte Summe vollständig zurück.

TIPPS UND HINWEISE
Intelligente und raffinierte Großanleger erwerben daher nur Anleihen, die der britischen oder Schweizer Rechtsprechung unterliegen.

Selbst Staatsanleihen von sicheren Ländern werden mittlerweile gemieden, weil sie nur geringe Zinsen abwerfen, die nicht einmal die Inflation ausgleichen. In einigen Ländern werden sogar Strafzinsen erhoben, wenn größere Summen bei Banken geparkt werden.

Staatsbankrotte sind keineswegs eine Seltenheit. Allein Deutschland war seit dem Dreißigjährigen Krieg mehrmals zahlungsunfähig.

TIPPS UND HINWEISE
Zwei der wenigen Länder, die bislang immer ihre Schulden bezahlt haben, sind die Schweiz und die USA.

Neben Staatsanleihen werden auch Unternehmensanleihen angeboten, die als Corporate Bonds bezeichnet werden. Bei Unternehmensanleihen gibt es eine große Spannbreite: Einige der Schuldverschreibungen sind so sicher, dass renommierte Konzerne wie beispielsweise BASF oder Siemens weniger Zinsen zahlen müssen als die Bundesregierung.

Andere Anleihen hingegen werden als fragwürdig eingestuft. Ein besonderes Debakel sind die einst so begehrten Mittelstandsanleihen. In Baden-Württemberg hat der Begriff „Mittelstand" einen soliden Ruf, zumal es sich meist um Familienunternehmen handelt, die sich jahrzehntelang auf dem Markt bewährt haben und durch ihren Fleiß und ihre Innovationsfähigkeit etabliert sind. Daher kam die Stuttgarter Börse auf die Idee, ein eigenes Segment für Mittelstandsanleihen zu schaffen. Doch das Experiment wurde zu einem grandiosen Fehlschlag.[48] Etliche mittelständische Unternehmen, die Anleihen herausgegeben hatten, mussten in kürzester Zeit Insolvenz anmelden. Das ganze Segment nahm beträchtlichen Schaden. Inzwischen löst der Begriff „Mittelstandsanleihe" nur noch ein unbehagliches Gefühl aus, und Investoren machen einen großen Bogen um solche Papiere. Wie konnte es zu diesem Desaster kommen? Es stellte sich heraus, dass seriöse und gewinnträchtige Mittelstandsunternehmen problemlos Kredite von ihren Hausbanken erhielten. Andere mussten hingegen die Kapitalmärkte bemühen. So sammelten sich dort die Risiken. Von 140 Emittenten sind mittlerweile 24 Unternehmen insolvent geworden. Beobachter rechnen sogar damit, dass die Zahl der Pleitekandidaten weiter drastisch steigen könnte.[49]

Sind Anleihen für die Altersvorsorge empfehlenswert? Hier muss man sehr genau differenzieren. Tatsächlich können Sie einzelne Anleihen Ihrem Portfolio beimischen; besonders ratsam ist diese Vorgehensweise aber nicht, da es andere und wesentlich bessere Möglichkeiten gibt. Beispielsweise könnten Sie mit einem Renten-ETF erheblich besser das Risiko streuen. Ein solcher Indexfonds enthält nämlich eine Mischung aus Hunderten oder gar Tausenden von Anleihen. Selbst wenn einige der Papiere infolge einer Insolvenz des Herausgebers ausfallen sollten, bleiben noch genügend Titel übrig. Bei Tausenden von Schuldverschreibungen wird sich der eine oder andere Ausfall überhaupt nicht bemerkbar machen.

> **TIPPS UND HINWEISE**
> Deshalb ist es viel sinnvoller, statt einzelne Anleihen auszuwählen, auf einen solchen Renten-ETF zurückzugreifen.

Falls Sie dennoch einzelne Anleihen selbst auswählen wollen, sollten Sie immer die Bonität berücksichtigen. Die Fähigkeit, des Schuldners die Kredite zurückzubezahlen, ist sehr unterschiedlich ausgeprägt. Nur wenige Länder der Welt haben ein Spitzenrating von AAA (Triple A). Wenn Sie in Einzelanleihen investieren, sollten Sie niemals irgendwelche Kompromisse eingehen. Es kommen nur Schuldverschreibungen infrage, die ein A-Rating haben (die Feineinstufung reicht von AAA bis A). Seien Sie aber dennoch auf der Hut.

Ratings sind nicht immer zuverlässig. Solche Bewertungen fungieren letztlich nur als Orientierungsmarken, aber stellen keine Garantie dar, die Sie vor der Insolvenz eines Schuldners bewahren kann. Ein Unternehmen, das mit kriminellen Machenschaften seine wahre finanzielle Situation verschleiert, wird es unter Umständen auch schaffen, die Ratingagenturen zu täuschen.

Für Ihre Altersvorsorge sollten Sie daher grundsätzlich folgenden Rat beherzigen:

TIPPS UND HINWEISE
Anleihen sind immer bedenklich; auch Staaten mit einem Toprating und Unternehmen mit einem herausragenden Ansehen können früher oder später in die Zahlungsunfähigkeit schlittern.

In Deutschland sind schon Unternehmen insolvent geworden, denen es niemand zugetraut hätte. Denken Sie nur an „Quelle" und „Schlecker". Machen Sie sich daher keine Illusionen; es ist äußerst leichtsinnig, die Altersvorsorge auf Anleihen zu stützen. Leider wissen viele Menschen gar nicht, dass sie zu über 90 Prozent dank betrieblicher Altersvorsorge, Renten- und Lebensversicherungen sowie Riester-Renten in diesen Wertpapieren engagiert sind.

Sollte eines Tages ein größeres Land in einen Abgrund taumeln, dürfte das Entsetzen beispiellos sein. Denken Sie nur einmal an Japan. Unter den entwickelten Staaten ist Nippon das am höchsten verschuldete Land. Der Schuldenstand beträgt spektakuläre 240 Prozent des Bruttoinlandsprodukts. Einige Experten sind der Auffassung, dass bereits ein Schuldenniveau von 100 Prozent ausreicht, um Staaten unwiderruflich in den Ruin zu treiben. Bei einer Marke von 240 Prozent ist das Ende so gut wie besiegelt.

Dass Japans Wirtschaft noch nicht endgültig kollabiert ist, verdankt Tokio verschiedenen Faktoren: Zum einen zehrt das Land vom Ruhm und Fleiß der Vergangenheit und der hohen technologischen Wettbewerbsfähigkeit; die Bevölkerung ist hervorragend ausgebildet und extrem leistungsorientiert. Zum anderen ist Japan fast nur im Inland verschuldet; japanische Investoren geben sich auch mit Minimalrenditen zufrieden, bei denen ausländische Investoren längst die Wertpapiere abgestoßen hätten. Aufgrund dieser Umstände konnte Japan die jahrzehntelange Krise bisher aussitzen und geduldig abwarten. Doch mit jedem Jahr steigt die Verschuldung auf neue astronomische Rekordhöhen. Die grauenvolle Jahrhundertkatastrophe von Fukushima und der furchtbare Tsunami, der Zehntausende Menschenleben forderte, haben das Land weiter zerrüttet. Ähnlich wie in der Sowjetunion der Super-GAU von Tschernobyl das Ende des Imperiums einläutete, könnte Fukushima den Niedergang Japans unwiderruflich markieren. Neben dem ambitionierten China hat Japan kaum eine ernsthafte Chance mehr, sich zu erholen. Sollte Japan eines Tages aufgrund des immer höher steigenden Schuldenpegels am Ende sein, würde dies einen Dominoeffekt auf der ganzen Welt auslösen; denn Japan ist bislang die drittgrößte Volkswirtschaft der Welt. Das viel unbedeutendere Griechenland ist im Vergleich dazu nur ein ökonomischer Zwerg. Dennoch könnte auch ein neuer Schuldenschnitt in Griechenland die Eurozone in heftige Turbulenzen stürzen.

Staaten Geld zu leihen war noch nie eine besonders intelligente Idee. Denn Regierungen können ihre Schulden über Nacht durch ein Gesetz für null und nichtig erklären. Auch bei Unternehmen sollten Sie äußerste Vorsicht walten lassen. Im Prinzip sind einzelne Anleihen für die Altersvorsorge grundsätzlich nicht geeignet.

Wenn Sie schon auf Anleihen nicht verzichten wollen, sollten Sie für eine breite und umfassende Streuung sorgen.

TIPPS UND HINWEISE
Renten-ETFs enthalten mehr als tausend verschiedene Anleihen. Selbst wenn hier die eine oder andere Schuldverschreibung ausfallen sollte, wird sich dies kaum auf das Portfolio auswirken.

 IRRTUM:

DIE BETRIEBLICHE ALTERSVERSORGUNG ZAHLT SICH AUS

Voller Neid blicken einige Arbeitnehmer auf Angestellte renommierter Konzerne, die sich durch eine hervorragende Altersversorgung auszeichnen. Nicht selten übersteigt die Betriebsrente die gesetzliche Rente um mehr als 100 Prozent. Wer zu den wenigen Glücklichen zählt, die bei einem solchen renommierten Unternehmen arbeiten, braucht im Alter keine Altersarmut zu fürchten. Eine üppige und hoch dotierte Betriebsrente bewahrt so manchen davor, im Elend zu versinken. So verwundert es auch nicht, dass es tagelange und erbitterte Streiks gab, als die Lufthansa ihr großzügiges Altersversorgungssystem umstellen wollte.

Auf den ersten Blick mag die betriebliche Altersversorgung daher sehr lukrativ erscheinen. Und viele Arbeitnehmer sind auch bereit, zusätzliche Opfer zu bringen, um ihre Ansprüche aufzustocken. Doch auch hier trügt der Schein.[50]

Abgesehen von internationalen Konzernen, die das Wohlergehen ihrer Pensionäre zum Leitziel erhoben haben, sind die meisten Betriebsrenten eher ein dürftiges Zubrot. Die DAX-Konzerne in Deutschland haben für die betriebliche Altersversorgung ihrer Mitarbeiter immerhin 198 Milliarden Euro zurückgelegt.[51]

Für Ältere lohnt sich aber eine betriebliche Altersversorgung ohnehin nicht. Wer bereits über 50 Jahre alt ist, macht bei dieser Form der Altersvorsorge vor allem Verluste. Bei einem Monatsbeitrag von 175 Euro erhält man eine garantierte Betriebsrente von nur 73 Euro. Dies entspricht einer Rendite von minus 0,87 Prozent bei Männern und von minus 0,12 Prozent bei Frauen.[52] Zudem müssten Sie mindestens ein Alter von 90 Jahren erreichen, damit sich diese Art der Altersvorsorge bei einer angenommenen Inflationsrate von zwei Prozent rentiert.

Was viele nicht wissen: Auch hier werden die Gelder nicht selten von Versicherungskonzernen verwaltet, die mit Vorliebe in Staatsanleihen investieren. Staatsanleihen, Unternehmensanleihen und Pfandbriefe, die beim derzeitigen Zinsniveau weniger als ein Prozent Rendite erbringen, sind in den Töpfen enthalten. Die Versicherungen wählen gerne solche Wertpapiere, da für sie keine zusätzliche Besicherung erforderlich ist. Ein paar versierte Versicherungsmathematiker genügen in der Regel, um das Portfolio zu verwalten.

Bei Anleihen reichen nämlich ein paar Kennzahlen zur Verzinsung, der Rendite und der Zinsstrukturkurve aus, um annähernd die Rendite zu prognostizieren. Falls Sie nun einwenden, man müsse natürlich auch die Bonität bewerten, dann wage ich zu zweifeln, ob das in der Praxis mit der erforderlichen Sorgfalt erfolgt.

Wie im vorherigen Kapitel bereits erwähnt wurde: Lehman Brothers erhielt noch zwei Wochen vor dem endgültigen Aus ein AAA-Rating – war also genauso gut wie Deutschland oder Norwegen. Und wenn schon international renommierte Ratingagenturen, die über beste Beziehungen und herausragende Experten verfügen, sich solche Fauxpas leisten, glauben Sie dann ernsthaft, Ihre Versicherungsgesellschaft kann es besser?

Nur einige Pensionsfonds von großen Konzernen gehen umsichtiger vor. Dort liegt der Anleiheanteil bei lediglich 50 Prozent. Aber auch das ist hoch, wenn man bedenkt, dass Anleihen mit einer hohen Bonität weniger als ein Prozent Zinsen mit sich bringen.

Viele Systeme der betrieblichen Altersversorgung haben feste Renditezusagen abgeschafft. Etliche mittelständische Unternehmen bevorzugen zudem die ungünstigen Versicherungslösungen, die mit hohen Provisionen und Verwaltungskosten verknüpft sind.

Glücklicherweise können bereits bestehende Betriebsrenten kaum gekürzt werden. Ähnliches gilt für Anwartschaften, insbesondere wenn sie durch betriebliche Vereinbarungen zustande gekommen sind. Anders sieht es aus, wenn neue Regelungen getroffen werden.[53]

Als die Lufthansa beispielsweise ihr System auf feste Zuschüsse anstelle von verbindlichen Pensionszusagen umstellen wollte, kam es zu Streiks der Piloten.[54]

Hohe Belastungen durch Betriebsrenten haben übrigens erhebliche Auswirkungen auf die Bonität eines Unternehmens und können die Unternehmensfinanzierung erheblich beeinträchtigen.

Was Frau Müller und Herr Maier zudem nicht wissen: Eine solche Anlage in Anleihen tätigen kann eigentlich jeder. Um ein solches Portfolio zusammenzustellen, würden Sie gerade einmal eine Viertelstunde benötigen. Insofern ist es eigentlich verwunderlich, dass so viele Menschen sich scheuen, diese Aufgabe selbst zu machen und stattdessen lieber Tausende von Euro für eine fragwürdige Dienstleistung entrichten, die in ein paar Minuten erledigt ist. Würden Sie auch Ihrem Reisebüro ein paar Hundert Euro überreichen, nur damit es für Sie ein paar Klicks im System macht und eine Pauschalreise bucht, nur weil Ihnen diese Prozedur angeblich zu kompliziert und zu aufwändig ist?

Natürlich hat die betriebliche Altersversorgung steuerliche Vorteile, die Sie nicht hätten, wenn Sie das Geld privat anlegten. Aber wenn Sie genau und sorgfältig nachrechnen, werden Sie feststellen, dass diese Vorteile nie oder nur teilweise bei Ihnen ankommen. Denn die

Gebühren und Kosten sind auch hier wieder enorm und liegen unter Umständen zwischen 10 und 20 Prozent.

Bei Klein- und mittelständischen Unternehmen, die bei der betrieblichen Altersversorgung auf Einzelverträge (statt auf Kollektivverträge) setzen und bei Verhandlungen nicht so hohe Rabatte wie Konzerne erzielen, belaufen sich die Kosten, die für jede Betriebsrente anfallen, im Durchschnitt auf beträchtliche 8.981 Euro. Dies entspricht einer enormen Kostenbelastung von 14,4 Prozent. Selbst Riester-Renten verursachen „nur" eine Kostenquote von 12 bis 12,5 Prozent.[55]

Haben Sie schon einmal nachgefragt, wie hoch der Anteil der Verwaltungskosten bei Ihnen ist? Die Unterschiede zwischen den einzelnen Anbietern sind beträchtlich. Die Renditen, die Sie am Ende erhalten, sind derart bescheiden, dass Sie – zynisch formuliert – das Geld gleich unter Ihre Matratze legen könnten. Dass einige Arbeitnehmer hohe Betriebsrenten erhalten, liegt nur daran, dass die Unternehmen großzügig in das System einzahlen. Die Renditen sind aber so niedrig, dass man kaum weiter darüber nachdenken sollte.

Darüber hinaus müssen auf die Betriebsrente Sozialversicherungsbeiträge entrichtet werden, die die Höhe der Rente erheblich schmälern. Anders als bei der gesetzlichen Rente wird auf Betriebsrenten der volle Beitragssatz der Krankenkassen erhoben, d.h. Sie müssen auch den Arbeitgeberanteil selbst tragen. Je nach Krankenkasse sind das mindestens 14,9 Prozent, und in den meisten Fällen wird ein Zusatzbeitrag erhoben, der von der jeweiligen Krankenversicherung festgelegt wird. Zudem wird die Betriebsrente in voller Höhe besteuert. Ein weiterer Nachteil ergibt sich daraus, dass Sie aufgrund der Entgeltumwandlung für die Betriebsrente weniger in die gesetzliche Rentenversicherung einbezahlt haben und deshalb auch eine geringere gesetzliche Altersrente erhalten. Es ist grotesk und erschreckend, aber fast immer sind sogar nicht geförderte Produkte besser als die Betriebsrente.

TIPPS UND HINWEISE
In einer Musterrechnung wurde festgestellt, dass für einen 30-Jährigen dem Fördervorteil von 48,12 Prozent in der Ansparphase ein Nachteil von 54,25 Prozent in der Rentenphase gegenübersteht.[56]

Die Betriebsrente ist – so betrachtet – ein Verlustgeschäft. Mit anderen Formen der Altersvorsorge hätten Sie sich wesentlich besser abgesichert. Falls Sie geglaubt haben, Sie könnten durch eine Betriebsrente der Altersarmut entrinnen, so war dies in vielen Fällen ein fataler Irrtum.

 IRRTUM:

EIN BAUSPARVERTRAG IST EIN GUTER ANFANG

Bausparverträge sind in Deutschland äußerst beliebt, und fast jede Großmutter und jeder Großvater hat schon einmal überlegt, dem Enkel einen Bausparvertrag zu schenken. Kaum eine andere Anlageform genießt ein so hohes und beispielloses Ansehen. Doch sind Bausparverträge wirklich nützlich und sinnvoll?[57]

Die Bewertung ist hier schwieriger, denn es gab in der Vergangenheit tatsächlich Perioden, in denen sich das Bausparen ausgezahlt hätte. Überhaupt ist eine Immobilienfinanzierung eine so komplexe Angelegenheit, dass man in den meisten Fällen erst nach der Zahlung der letzten Rate objektiv sagen kann, ob die Finanzierung gut oder schlecht war.

> **TIPPS UND HINWEISE**
> Bausparverträge lohnen sich im Prinzip, wenn in der Zukunft ein hohes Zinsniveau erwartet wird und man sich den Niedrigzins langfristig sichern möchte.

Insofern ist jeder Bausparvertrag eigentlich eine Wette auf die Zukunft, und wie bei allen Prognosen gibt es viele Unsicherheiten und Unwägbarkeiten.

Die überzeugten Anhänger des Bausparens übersehen zwei Aspekte, denen eine entscheidende Bedeutung zukommt: die Provisionen und die Opportunitätskosten. Bei jedem Abschluss wird eine relativ hohe Provision fällig, die entweder ein Prozent oder 1,6 Prozent der Bausparsumme beträgt. Diese Provision wird nur in wenigen Fällen zurückerstattet, nämlich dann, wenn die Bausparkasse dies vertraglich zugesichert hat und wenn der Vertrag nur zum Sparen, aber nicht zur Finanzierung verwendet wird.

Unter bestimmten, sehr restriktiven Voraussetzungen erhalten Bausparer vom Staat eine Bausparprämie von 8,8 Prozent, deren absolute Höhe aber begrenzt ist. In den Genuss solcher Leistungen kommen wegen der strengen Einkommensgrenzen ohnehin meist nur Studierende und Auszubildende. Berücksichtigt man diese staatlichen Leistungen, kann ein Bausparvertrag durchaus lukrativ sein; unter den gegenwärtigen Bedingungen kann dank der staatlichen Unterstützung eine Rendite von bis zu vier Prozent erreicht werden. Das zu versteuernde Einkommen darf bei einer Einzelperson aber nicht den Betrag von 25.600 Euro bzw. bei Paaren die Summe von 51.200 Euro überschreiten. Die maximalen Aufwendungen für einen Bausparvertrag sind auf 512 Euro bzw. 1.024 Euro (Paare) jährlich hinsichtlich der Bausparprämie begrenzt.

Bei einer normalen Immobilienfinanzierung hingegen spielen diese staatlichen Zuschüsse kaum eine Rolle, da die Antragsteller aufgrund ihrer Einkommensverhältnisse keine Bausparprämie beanspruchen können. Hier sind vor allem die Opportunitätskosten maßgeblich.

Wenn Sie einen Bausparvertrag sieben Jahre lang bei einem Guthabenzins von 0,5 Prozent besparen, entgehen Ihnen Renditen, die Sie bei einer anderen Geldanlage erhalten hätten. Wie wir noch sehen werden, gibt es interessante und lukrative Alternativen, mit denen wesentlich höhere Renditen erzielt werden.

Wenn Sie sich also mit mageren 0,5 Prozent begnügen, verzichten Sie auf andere Gewinne. Diese müssen Sie natürlich gegenrechnen, um die wahren Kosten eines Bausparvertrags zu erfassen. In den allermeisten Fällen rechnet sich ein Bausparvertrag unter diesen Umständen nämlich nicht.

Die Opportunitätskosten einfach unter den Tisch fallen zu lassen ist eine fragwürdige Kalkulation. Die meisten Befürworter einer Bausparlösung tun aber genau dies.

Ein weiteres Problem gesellt sich hinzu: Eine Immobilienfinanzierung, die zu 100 Prozent auf einer Bausparlösung beruht, gibt es nicht; denn die Tilgungsraten sind enorm hoch; sie liegen in der Regel zwischen 0,4 und 0,9 Prozent im Monat! Ein Bauspardarlehen wird in der Regel innerhalb von 11 Jahren getilgt, während sich ein banktübliches Annuitätendarlehen über eine Laufzeit von 30 Jahren erstreckt. Niemand kann daher eine Eigentumswohnung oder ein Haus allein mit einem Bausparvertrag finanzieren. In der Praxis beträgt der Anteil nur 20 Prozent.

Erschwerend kommt hinzu, dass die Bausparkasse Ihnen nicht garantieren darf, wann Sie über das Darlehen verfügen können. Denn Bausparkassen erhalten ihr Geld von Neukunden (es ist im Grunde ein in sich geschlossenes System, wenngleich Bausparkassen häufig mit Sparkassen oder anderen Banken verbunden sind, die weitere Finanzierungsmöglichkeiten zur Verfügung stellen).

Da aber viele Kunden zu Recht nicht warten wollen, bis das Darlehen endlich zuteilungsreif ist, muss eine teure Zwischenfinanzierung her, an der die Bausparkasse zusätzlich verdient und deren Konditionen weit über denen eines normalen Annuitätendarlehens liegen.

Manche Berater sind zudem so dreist, dass sie den Interessenten eine hohe Bausparsumme – von beispielsweise 100.000 Euro – vorschlagen. In der Regel muss die Hälfte der Bausparsumme eingezahlt werden. Um eine solche Summe durch monatliche Raten anzusparen, benötigen Sie unter Umständen sehr lange. Solange Sie aber nicht auf die Mindestbesparung kommen (die in der Regel bei 40 bis 50 Prozent der Bausparsumme liegt), wird Ihnen das Darlehen von 50.000 Euro nicht ausgezahlt. Auch wenn Sie in der glücklichen Lage sein sollten, den Betrag vollständig sofort einzahlen zu können, müssen Sie mindestens zwei oder drei Jahre warten, ehe Sie das Darlehen erhalten. Von solchen Bausparsummen profitiert ohnehin nur der Berater, der sich bei einer Bausparsumme von 100.000 Euro über eine Provision von 1.000 oder 1.600 Euro freuen kann. Viel Geld für ein nettes viertelstündliches Gespräch bei Kaffee und Kuchen!

TIPPS UND HINWEISE
Auch wenn Sie nur einen Vertrag mit einer niedrigen Bausparsumme abgeschlossen haben, können Sie nämlich im Nachhinein bei Bedarf die Summe aufstocken und Ihren Bedürfnissen flexibel anpassen. Aber das wird Ihnen der Berater tunlichst verschweigen.

EXKURS: WAS SIE ÜBER DEN BAUSPARVERTRAG WISSEN SOLLTEN

Bausparsumme: Sie bezieht sich auf die Höhe des Bausparvertrags. Der Betrag umfasst das angesparte Guthaben und das noch zu bewilligende Darlehen. Die Bausparsumme ist also der Gesamtbetrag, der Ihnen für die Baufinanzierung zur Verfügung steht. Wie hoch Ihr Sparanteil ist, hängt von den Konditionen der jeweiligen Bausparkasse ab. In der Regel wird ein Sparanteil von 40 oder 50 Prozent vorausgesetzt. Einige wenige Bausparkassen begnügen sich mit 25 bis 30 Prozent.
Bewertungszahl: Die Bewertungszahl setzt sich aus einer Vielzahl von Punkten zusammen, die darüber entscheiden, zu welchem Zeitpunkt Ihnen das Darlehen

gewährt werden kann. Erst wenn Sie die festgelegte Mindestpunktzahl erreicht haben, erhalten Sie das Bauspardarlehen. Die Höhe der Punktzahl ist von verschiedenen Faktoren abhängig, die vertraglich festgelegt werden. Häufig wird bestimmt, dass Sie eine gewisse Spardauer einhalten müssen; auch eine beschleunigte Einzahlung wirkt sich nicht unmittelbar aus, wenngleich es Tarife mit Soforteinzahlung gibt. Aber selbst dann müssen Sie sich meist etliche Monate oder sogar Jahre gedulden.

Der Bausparvertrag hat zwei maßgebliche Vorteile, die ich Ihnen nennen will: Sie können jederzeit Sondertilgungen vornehmen. Wenn Sie also beispielsweise im zweiten Jahr von Tante Erna ein großes Vermögen erben, können Sie das Bauspardarlehen sofort und ohne weitere Gebühren zurückzahlen. Allerdings kann man auch bei herkömmlichen Bankdarlehen solche Sondertilgungen vereinbaren und vornehmen. Doch ist deren Höhe meist auf zehn Prozent der jährlichen Tilgungen begrenzt.

Ein weiteres Plus des Bausparvertrags besteht darin, dass die Grundschuld als zweiter Rang eingetragen wird. Dies ermöglicht es Ihnen, bei einer Bank ein Immobiliendarlehen an erster Stelle vermerken zu lassen. Allerdings gibt es bei Bauspardarlehen eine Beleihungsgrenze von 80 Prozent. Das heißt: Selbst wenn Sie eine solche Finanzierung stemmen könnten, ist es nicht möglich, ein Haus oder eine Eigentumswohnung zu 100 Prozent zu finanzieren.

Resümierend kann man festhalten: Ein Bausparvertrag kann sich lohnen, wenn Sie in Zukunft äußerst hohe Zinsen (von über sieben Prozent) erwarten. Ein solcher Anstieg ist aber zurzeit äußerst unwahrscheinlich, da wir ein historisch niedriges Zinsniveau haben und die hohe Staatsverschuldung weltweit einen schnellen Anstieg der Zinsen auf Jahre oder gar Jahrzehnte verhindern wird. Die niedrigen Guthabenzinsen von 0,5 oder gar 0,25 Prozent

IRRTÜMER

bei Bausparverträgen müssen Sie außerdem gegenrechnen und mit anderen Anlageformen vergleichen.

Wenn es Ihnen gelingt, Ihr Erspartes mit einer höheren Rendite anzulegen, lohnt sich ein Bausparvertrag so gut wie nie, zumal Sie aufgrund der hohen und schnellen Tilgung erfahrungsgemäß ohnehin nur 20 Prozent der Immobilienfinanzierung über einen Bausparvertrag abdecken können. Selbst Finanzierungen mit einem Anteil von 30 oder 40 Prozent überfordern die Eigentümer aufgrund der erforderlichen schnellen Tilgung. Denken Sie daran, die meisten Bausparverträge sehen vor, dass das Darlehen in elf Jahren zurückgeführt werden muss.

Berücksichtigt man dies alles, profitieren vor allem Studierende und Auszubildende, die den Bausparvertrag für Sparzwecke nutzen und die staatliche Förderung in vollem Umfang in Anspruch nehmen können.

 IRRTUM:

EINE PRIVATE RENTEN- ODER LEBENSVERSICHE- RUNG IST EINE SINNVOLLE ALTERSVORSORGE

Viele Arbeitnehmer haben eine private Rentenversicherung für die Altersvorsorge. Auf den ersten Blick mag diese Anlageform interessant und bequem erscheinen. Man zahlt monatlich in die private Rentenversicherung ein und erhält ab einem bestimmten Lebensalter eine lebenslange Rente. Doch haben Sie sich schon einmal überlegt, wie hoch die Kosten für den Verwaltungsaufwand sind und welche Rendite Sie letztlich erhalten? Können Sie die genaue Kostenquote angeben? Wahrscheinlich nicht.[58]

Die Kosten für die Verwaltung sind exorbitant: Sie liegen nicht selten bei über zehn Prozent jährlich. Auch die sogenannten Sterbetabellen, die statistisch die Lebenserwartung vorhersagen sollen, sind für den Anleger von Nachteil, da häufig eine höhere Lebenserwartung zugrunde gelegt wird. Zu allem Übel investieren natürlich auch die Rentenversicherungen vorwiegend in Anleihen, und zwar vor allem in die fragwürdigen Staatsanleihen.

Die einzelnen Staaten fördern diese Praxis, indem sie für Investments in Staatsanleihen keine zusätzlichen Sicherheiten fordern. Diese Regelung ist eine Farce, denn sollten Länder wie Italien, Spanien, Portugal oder Frankreich eines Tages nicht mehr in der Lage sein, die Schulden zu bedienen, dann würden Kapitallebens- und private Rentenversicherungen beträchtliche Verluste erleiden.[59] Die Regierungen sind sich bewusst, wie kritisch die Lage ist und welche Gefahr die enorme Staatsverschuldung darstellt. Deshalb wurden in den vergangenen Jahren die Richtlinien für Versicherungsgesellschaften verschärft. Bekannt ist diese neue Regelung unter der Bezeichnung „Solvency II", die ab 2016 in Kraft tritt. Sollte eine Versicherung an den Rand einer Insolvenz geraten, wird es kritisch. Denn anders als bei Banken gibt es hier lediglich einen von der Branche organisierten Auffangnotfallfonds, der „Protektor" genannt wurde.

Sollten mehrere Assekuranzen gleichzeitig in Not geraten, würde diese Lösung niemals ausreichen.

Nicht wenige Versicherungsgesellschaften stehen schon jetzt wegen der Niedrigzinsphase unter Druck, denn das klassische Anlagegeschäft der Assekuranzen funktioniert nicht mehr. Selbst deutsche Staatsanleihen werfen bei mehr als zehn Jahren Laufzeit weniger als ein Prozent Zinsen ab. Zahlreiche Kapitallebensversicherungen, die vor langer Zeit abgeschlossen wurden, garantieren den Kunden aber Mindestzinsen von über drei Prozent (übrigens wird der Zinssatz nur für den Sparanteil entrichtet – davon abgezogen werden hohe Verwaltungskosten und Provisionen sowie die Versicherungsprämie).

Der sogenannte Garantiezins, den die Bundesregierung kontinuierlich abgesenkt hat, liegt im Jahr 2015 bei nur noch 1,25 Prozent. In der Realität beträgt die Verzinsung jedoch nach Abzug aller Kosten weniger als 0,50 Prozent – wohlgemerkt: bei einem guten Anbieter. Das auf Lebensversicherungen spezialisierte Analysehaus Assekurata hat vorgerechnet, dass die durchschnittliche Rendite für Kapitallebensversicherungen nur noch bei 0,42 Prozent angesiedelt ist.[60]

Sollten Sie an eine Versicherung geraten sein, die sich opulente Provisionen und eine überdimensionierte Verwaltung genehmigt, dürfte Ihre Rendite gegen null tendieren.[61]

Bei den zwölf größten Lebensversicherern liegen die Abschlusskosten bei 5,2 Prozent der Versicherungssumme. Wer eine Kapitallebensversicherung in Höhe von 100.000 Euro abschließt, bringt dem Vertreter eine satte Provision von 5.200 Euro.[62] Noch drastischer sind die Kosten bei Riester-Verträgen: Deren jährliche Kosten belaufen sich im Schnitt auf 3,94 Prozent der gesamten Beitragssumme. Allerdings kommen weitere laufende Kosten von 5,79 Prozent hinzu. Alles in allem zahlt ein Anleger auf eine Summe von 100.000 Euro fast 10.000 Euro an Gebühren und Provisionen.[63]

Beim „Riestern" werden mehrere Möglichkeiten angeboten, um die Beiträge anzulegen. Die mit Abstand häufigste ist die private Rentenversicherung, die sich durch besonders hohe Kosten und üppige Provisionen auszeichnet. Aber auch Fondssparpläne im Rahmen eines Riester-Vertrags sind ungünstig, da beim Kauf und Verkauf der teuren Investmentfonds zusätzliche Provisionen sowie jährliche Managementgebühren anfallen.

Riester-Verträge, die übrigens zum Großteil auf privaten Rentenversicherungen basieren, sind für die Altersvorsorge nicht geeignet.

In einer Studie kam das Magazin „Öko-Test" zu der Auffassung, dass die Kostenangaben bei den Riester-Verträgen eine einzige „Katastrophe" seien.[64]

Bei einigen Verträgen werden die staatlichen Zulagen vollständig von den Kosten aufgezehrt. Bisweilen sind die Kosten doppelt so hoch wie die staatlichen Zulagen. Selbst bei den besten Anbietern kam man bei einer garantierten Riester-Rente auf eine Rendite zwischen 0,58 Prozent und 0,91 Prozent je nach Lebenssituation.[65]

Um bei einer angenommenen Inflationsrate von zwei Prozent überhaupt eine Rendite zu erhalten, müssen Sie

IRRTÜMER

bei vielen Riester-Verträgen mindestens 90 oder 100 Jahre alt werden. Bei einzelnen Angeboten musste man sogar das Methusalem-Alter von 109 Jahren erreichen, um überhaupt eine Verzinsung zu erzielen.[66]

Auch die Überschussbeteiligung bei Kapitallebensversicherungen sinkt immer mehr. Ein Großteil der Gewinne muss dazu verwendet werden, um die Garantiezinsen für Kunden zu zahlen, die ihren Vertrag schon vor Jahrzehnten abgeschlossen haben. Damals wurden sogar bis zu vier Prozent Zinsen angeboten.

Noch weitaus schlimmer sind nur fondsgebundene Lebens- und Rentenversicherungen. Bei diesen kann die Versicherungsgesellschaft nicht nur stattliche Provisionen und überhöhte Verwaltungskosten für sich verbuchen, sondern auch noch über die hauseigenen Investmentfonds großzügig abkassieren. Denn auch hier fallen natürlich Ausgabeaufschläge, Provisionen und Managementgebühren an. Aber es geht noch besser: Man empfiehlt Ihnen Dachfonds. Bei dieser Konstruktion werden Gebühren sowohl auf der Ebene des Dachfonds als auch auf der Ebene der einzelnen Investmentfonds fällig.

Das Merkwürdige an der ganzen Sache ist: Die meisten Menschen schließen eine solche Form der Altersvorsorge aus Bequemlichkeit oder Unwissenheit ab. Dabei ist es ganz einfach, selbst Staatsanleihen oder andere Wertpapiere zu kaufen, wenn Sie schon unbedingt etwas so Unzuverlässiges und Risikoreiches haben möchten. Eine Prozedur, die übrigens jeder Anfänger in fünf Minuten selbst erledigen kann. Es ist nicht schwerer, als ein Smartphone zu bedienen. Warum zahlen Sie Ihrem „Berater" für einen solch einfachen Vorgang Tausende von Euro an Provision?

Ein Studie von Öko-Test aus dem Jahr 2013 ergab Folgendes: Früher brachten Kapitallebensversicherungen zwischen 3,10 und 4,49 Prozent Rendite jährlich. Das

Amüsante ist aber: Wenn Sie Ihr Geld einfach selbst angelegt und nur deutsche Staatsanleihen erworben hätten (die zumindest nach menschlichem Ermessen als relativ sicher gelten), hätten Sie eine Rendite von 4,33 bis 6,73 Prozent Rendite erzielt.[67] Wozu brauchen Sie eigentlich eine Versicherung, die für Sie Geld in Staatsanleihen anlegt? Bei den von Öko-Test untersuchten Verträgen lagen die Abschluss-, Vertriebs- und Verwaltungskosten bei durchschnittlich insgesamt 20 Prozent![68]

Wenn man die Rendite von privaten Rentenversicherungen betrachtet, so ist sie so gering, dass jedes weitere Wort über diese Anlageform nur Zeit- und Papierverschwendung wäre.[69]

FAZIT

Wenn Sie mit Renten- und Lebensversicherungen für Ihr Alter vorgesorgt haben, haben Sie leider eine Fehlentscheidung gefällt. Grundsätzlich gilt, dass Vermögensaufbau und Altersvorsorge etwas völlig anderes sind als die Absicherung existenzieller Risiken. Um Ihre Familie für den Fall eines Todes zu schützen, benötigen Sie keine Kapitallebensversicherung. Sie würden dort aufgrund der hohen Beiträge niemals eine ausreichende Absicherung erzielen. Stattdessen müssen Sie für einen solchen Fall eine Risikolebensversicherung abschließen.

TIPPS UND HINWEISE

Koppeln Sie niemals und unter gar keinen Umständen einen Sparvorgang an eine Versicherung.

Altersvorsorge erfolgt durch Sparen und Investieren und hat nichts mit einer Versicherung zu tun. Das ist einer der in Deutschland am weitesten verbreiteten Irrtümer. Versicherung und Vermögensaufbau sind zwei völlig unterschiedliche Themengebiete.

Ähnlich kümmerliche Renditen bekommen Sie, wenn Sie sich auf Banksparpläne, Riester- und Rürup-Renten oder die betriebliche Altersversorgung eingelassen haben; die Renditen sind nach Abzug aller Kosten und trotz mancher Steuervorteile derart niedrig, dass selbst ein einfaches Sparbuch bisweilen besser abschneidet. Schuld ist natürlich auch der Staat, der solchen Provisionen keinen Riegel vorschiebt.

TIPPS UND HINWEISE
In manchen Ländern wie beispielsweise Großbritannien wurden Provisionen in der Anlageberatung bereits vollständig verboten.

In Deutschland wird das Problem ignoriert. Generell gilt, dass Finanzprodukte, die staatlich gefördert werden, nicht selten unterdurchschnittliche Renditen aufweisen und von der Finanzbranche dazu benutzt werden, um sich stattliche (oder müsste es besser heißen: staatliche?) Provisionen zu sichern.

Die Riester-Rente alimentiert vor allem Banken und Versicherungen; denn die staatlichen Zulagen werden nicht selten von den hohen Provisionen aufgezehrt.[70] Zusätzlich werden auf die Riester- oder Rürup-Rente natürlich noch Steuern und Sozialversicherungsbeiträge in voller Höhe fällig. Hier gibt es nicht wie bei der gesetzlichen Rente einen ermäßigten Beitragssatz. Die Zulagen des Staates betragen jährlich mehr als drei Milliarden

Euro allein für die Riester-Rente. Erstaunlicherweise rufen manche Anleger noch nicht einmal diese Zulagen ab. Ein Fünftel aller Verträge wird vorzeitig beitragsfrei gestellt, da die Anleger die Raten nicht mehr aufbringen wollen oder nicht mehr genügend Geld haben.

Als die Rentenreform von der rot-grünen Bundesregierung im Rahmen der Agenda 2010 verabschiedet wurde, ging man davon aus, dass zum Ausgleich der Absenkung des Rentenniveaus der Riester-Vertrag mindestens eine Rendite von vier Prozent abwerfen muss. Davon sind heutige Produkte aber weit entfernt. Etliche Anleger werden unter dem Strich eine Rendite von null Prozent erhalten oder sogar Verluste machen. Das historische Niedrigzinsniveau sorgt dafür, dass sich solche Finanzprodukte nicht lohnen. Auch bei Sparplänen mit Aktienfonds wird aufgrund der hohen Provisionen und Gebühren keine akzeptable Rendite erzielt. Hinzu kommt, dass die Anbieter sich es meist vorbehalten, bei starken Kursschwankungen die Aktienfonds gegen Rentenfonds auszutauschen; und so investieren auch diese Anleger wieder in Staatsanleihen.

TIPPS UND HINWEISE

In einer soziologischen Studie kommen Ingo Bode und Felix Wilke zu der Auffassung, dass eine Altersvorsorge wie die Riester-Rente die meisten Menschen überfordert. Der private Markt für die Altersvorsorge ist zu intransparent und unübersichtlich.[71] Der Staat hat bei der Ausgestaltung der Riester-Rente versagt. Das Risiko für Altersarmut steigt.

Sie sollten wissen, dass es in existenziellen Fragen – und hierzu gehören Ihre finanzielle Sicherheit und Ihre

Gesundheit – keine Kompromisse geben kann. Wenn Sie Ihr Wohlergehen im Alter einem unbekannten „Berater" anvertraut haben, den Sie per Zufall ausgewählt haben, weil der Espresso in der Bankfiliale so gut schmeckte, dann dürfen Sie sich eigentlich über nichts wundern.

Das Tragische bei der Angelegenheit ist, dass Altersvorsorge weder schwierig noch besonders zeitaufwändig ist. In einer halben Stunde können Sie alles regeln. Und diese halbe Stunde sollten Sie sich wirklich nehmen.

 IRRTUM:

IHR GELD IST SICHER BEI DER BANK

Ist Ihr Geld bei der Bank wirklich sicher? Denken wir zurück an den Fall Zypern.

In Brüssel wurde im Jahr 2013 an einem unscheinbaren Wochenende vorgeschlagen, alle Guthaben für die Sanierung des Bankensektors heranzuziehen. Zwischenzeitlich waren natürlich ohne Vorwarnung sämtliche Bankkonten gesperrt worden, und aus dem Automaten kamen – wenn man Glück hatte – nur noch ein paar Geldscheine. Auf der Mittelmeerinsel brach ein Sturm der Entrüstung los, und erst nach harscher Kritik ruderte man im fernen Brüssel zurück und erhöhte die Grenze auf 100.000 Euro, wie es eigentlich auch in einer EU-Richtlinie stand.[72] Danach durften die Banken aber nur noch 300 Euro pro Tag auszahlen. Für größere Überweisungen ins Ausland benötigte man eine Sondergenehmigung.[73]

TIPPS UND HINWEISE

Was lernen wir daraus: Wenn es hart auf hart kommt, sind Zusicherungen, Versprechen und Richtlinien anscheinend nichts wert. Konten werden über das Wochenende einfach eingefroren und Vermögen dezimiert. Natürlich beeilte man sich zu erklären, diese Abgabe sei keine Aufweichung des Einlagenschutzes, sondern so etwas wie eine Sondersteuer, die natürlich jeder Staat nach Belieben erheben kann.

IRRTÜMER

Das Beispiel Zypern zeigt, dass anscheinend alles möglich ist, wenn es die Not erfordert.

Natürlich ist Deutschland ein anderes Land, und ein solcher Coup würde hierzulande einen gewaltigen Proteststurm entfachen. Der Bankensektor ist in Deutschland wesentlich stabiler und gefestigter, wenngleich auch der Fall der Hypo Real Estate, immerhin ein ehemaliger DAX-Wert, zu denken gibt.

Sie sollten zudem wissen, dass die vorhandenen Einlagensicherungssysteme nur den Sturz mehrerer mittelgroßer Banken auffangen könnten. Bei einem Jahrhundertcrash wäre nicht einmal der Staat in der Lage, die Katastrophe zu verhindern oder Sie zu entschädigen.[74]

Angesichts solcher Umstände sollten Sie sich ernsthafte Gedanken machen, wie Sie Ihr Erspartes absichern können.

Bedenken Sie, dass die Lage noch immer äußerst ernst ist. Weder Italien noch Frankreich und Griechenland ist es gelungen, die Staatshaushalte zu konsolidieren. Vielmehr steigt der Schuldenpegel unaufhörlich.

Griechenland war im Jahr 2014 mit über 176 Prozent des Bruttoinlandsprodukts verschuldet. Nur Japan weist mit geschätzten 240 Prozent weltweit einen höheren Stand auf. Frankreich steht mit über 95 Prozent und Italien mit rund 132 Prozent in der Kreide. Portugal ist mit 129 Prozent und Spanien mit 98 Prozent verschuldet. Irland schiebt einen Schuldenberg von 111 Prozent vor sich her. Musterschüler in Europa sind hingegen Estland mit 9,8 Prozent und Luxemburg mit 22,7 Prozent.[75]

Schon ein Schuldenstand von 100 Prozent gilt als irreversibel und führt direkt in den Abgrund. Denn bei einer solchen Belastung ist es höchst unwahrscheinlich, dass Staaten ihren Haushalt konsolidieren können. Der Maastricht-Vertrag sieht ohnehin eine offizielle Schuldengrenze von 60 Prozent als verbindlich an.

Irgendwann könnte daher der Euro in eine schwere Krise geraten. Schon allein ein solcher Schritt wie die Rückkehr zu nationalen Währungen in einzelnen Mitgliederländern der Eurozone würde unvorstellbare Turbulenzen auslösen. Es kommen weitere erhebliche Belastungsfaktoren hinzu.

So ist es sehr wahrscheinlich, dass Großbritannien die Europäische Union verlassen wird. Das Referendum soll zwar erst 2017 abgehalten werden, aber im Vereinigten Königreich gewinnen europakritische Bewegungen und Parteien immer mehr Zulauf. 42 Prozent der Briten befürworten einen Austritt, während nur 37 Prozent für einen Verbleib in der Europäischen Union votieren würden.[76]

Zwar ist das Vereinigte Königreich nicht Mitglied der Eurozone, aber der Austritt allein würde den Euro und die Wirtschaftskraft der EU erheblich schwächen. Es ist auch offensichtlich, dass Frankreich immer mehr an wirtschaftlicher Macht verliert.[77] Der Hang zur Bürokratie und die Vorliebe für Regulierungen sorgen dafür, dass das Wachstum zum Erliegen kommt. Frankreich ist heute nur der Abglanz früherer Zeiten. Im Jahr 2011 trug die Industrie nur noch 10,1 Prozent zur Bruttowertschöpfung bei – in Deutschland belief sich der Wert auf 22,6 Prozent.[78] Hinsichtlich der Wettbewerbsfähigkeit liegt Frankreich auf Platz 23 von 144 Staaten. Was die Flexibilität des Arbeitsmarkts anbelangt, so belegt Frankreich nur Platz 109.[79] Das Land trauert immer noch den glorreichen Zeiten nach, als es eine führende Rolle in Europa einnahm. Bei den nächsten Wahlen wird die Regierung eine herbe Niederlage erleiden, und die neuen Machthaber werden sehr schnell deutlich machen, dass ihnen das Wohl Frankreichs näher liegt als europäische Ideen.

Italien ist bis dahin so hoch verschuldet, dass viele ausländische Investoren einen großen Bogen um das Land machen werden. Was die Wettbewerbsfähigkeit anbelangt, so muss sich Italien mit Rang 49 bescheiden und steht damit abgeschlagen hinter Mauritius und Aserbaidschan. Der Arbeitsmarkt ist so starr und bürokratisch, dass er im Vergleich zu 144 Ländern auf Platz 136 angesiedelt ist. Auch das Steuersystem belegt den unrühmlichen Rang 134.[80]

Deutschland kommt bei der Gesamtbewertung der Wettbewerbsfähigkeit immerhin auf den fünften Platz. Gelobt werden vor allem die Infrastruktur, die gute berufliche Ausbildung und die mittelständischen Unternehmen. Problematisch ist hierzulande aber der wenig flexible Arbeitsmarkt, der auf Rang 35 kommt. Besser schneidet insgesamt die Schweiz ab, die weltweit der absolute Sieger ist. Die Plätze 2,3 und 4 belegen Singapur, die USA und Finnland.

Die Lage in der Eurozone ist, wenn man sich diese Zahlen vergegenwärtigt, angespannt. Natürlich wird man versuchen, den Euro um jeden Preis (und seien es Billionen Euro an Hilfsgeldern) aufrechtzuerhalten. Nur letztlich entscheidet die ökonomische Vernunft.

Der Bankensektor wird, wenn keine grundlegenden Reformen stattfinden, früher oder später ins Schlingern geraten.

Wie können Sie sich davor schützen? Sie müssen bei allen Anlagen konsequent zwischen Geldwerten und Eigentumswerten unterscheiden. Wenn Sie ein Sparbuch oder ein Girokonto eröffnen, leihen Sie der Bank Geld. Ob das Institut jemals in der Lage sein wird, Ihnen diesen Kredit zurückzuzahlen, bleibt offen. Viel besser sind Sie aufgestellt, wenn Sie nur Ihr Eigentum bei einer Bank deponieren.

Wenn Sie beispielsweise eine Aktie kaufen, gehört Ihnen ein Teil des Unternehmens. Die Bank verwaltet lediglich diesen Eigentumsanteil in einem Depot. Wenn die Bank zahlungsunfähig wird, muss sie diesen Anteil einfach herausgeben – genauso wie die Wertgegenstände, die Sie in einem Banksafe aufbewahren. Die Bank kann nicht einfach den Schmuck, die Uhren oder das Gold, das Sie im Bankschließfach hinterlegt haben, für sich behalten. Das wäre Diebstahl. Dasselbe gilt für die Wertpapiere, die die Bank für Sie verwaltet. Diese Papiere gehören nicht der Bank, sie gehören Ihnen.

Geldanlage	Insolvenzschutz
Giro- und Sparkonten	Gesetzliche Einlagensicherung und private Einlagensicherung
Tages- und Festgelder	Gesetzliche Einlagensicherung und private Einlagensicherung
Bausparverträge	Gesetzliche Einlagensicherung und private Einlagensicherung
Riester- und Rürup-Renten	Gesetzliche Garantie der Einzahlungen
Staatsanleihen Deutschland	Staatliche Garantie
Pfandbriefe	Sicherung durch Grundstücke, Forderungen gegen den Staat, Schiffe
(Lebens-) Versicherungen	Private Einlagensicherung („Protektor")
ETFs, Investmentfonds	Behandlung als Sondervermögen
Bankschließfächer	Inhalt Eigentum des Kunden
Wertpapierdepot	Wertpapierdepot ist Eigentum des Kunden
Anleihen, Aktien, Zertifikate, ETCs	kein Insolvenzschutz

IRRTÜMER

TIPPS UND HINWEISE
Deshalb ist es sicherer, Wertpapiere wie Aktien, Fonds oder Anleihen zu besitzen; denn darauf hat die Bank keinen Zugriff.

Wenn Sie aber einen Banksparplan abgeschlossen haben, ein Girokonto mit hohem Guthaben Ihr Eigen nennen oder ein Sparbuch eröffnet haben, dann leihen Sie der Bank Geld. Für jeden Euro, den die Bank mit solchen Spareinlagen oder durch Girokonten erhält, kann sie dank der Geldschöpfung 100 Euro zu relativ hohen Zinsen verleihen. Und wenn das Institut diese Kredite nicht zurückerhält und Sie nicht mehr auszahlen kann, müssen Sie hoffen, dass die Einlagensicherung Ihnen dieses Geld erstatten kann. Sollten aber unzählige Banken betroffen sein, stehen Ihre Chancen auf eine Rückerstattung schlecht.

Wie bereits erwähnt: In Deutschland ist die Gefahr noch relativ gering. Aber Sie sollten vorsichtshalber auf Geldanlagen, die nur Ihrer Bank zugutekommen, verzichten.

TIPPS UND HINWEISE
Lassen Sie auch keine größeren Beträge auf dem Girokonto stehen. Falls es einmal in der Eurozone zu einer Kettenreaktion kommen sollte, könnte eine Krise des Bankensektors auch inländische Kreditinstitute in den Abgrund reißen. Seien Sie daher vorsichtig.

☞ WAS IHNEN IHR BANKBERATER
VERSCHWIEGEN HAT:

III. DIE GRÖSSTEN GEHEIM-
NISSE DER FINANZEXPERTEN

Sie wären überrascht, wenn Sie mit Finanzexperten privat sprechen könnten. Vor den Kulissen wird nämlich meist etwas anderes gesagt als in einer vertraulichen Runde am Kaminfeuer. Nicht wenige Bankberater wissen, dass ein Großteil der Finanzprodukte fragwürdig ist. Häufig dienen diese komplexen Konstruktionen nur dazu, der Bank oder der Versicherung mehr Provisionen zu verschaffen. Die meisten Bankberater durchschauen auch diese verschachtelten Produkte nicht, die so vielschichtig sind, dass nur die Fachleute in der Zentrale in Frankfurt begreifen, was sich dahinter verbirgt. Bankberater erhalten nämlich wöchentlich eine Liste der Finanzprodukte, die sie verkaufen sollen. Hierzu bekommen sie einige kurze Informationsbroschüren, die oberflächlich durchgelesen werden.

Machen Sie sich doch einmal den Spaß und fragen Sie Ihren Bankberater nach ein paar Details der Anlageempfehlungen. Fragen Sie Ihren „Berater", welche Wertpapiere der empfohlene Fonds enthält oder wie die Absicherungsstrategien genau funktionieren. Der Berater wird schnell versuchen, das Gespräch auf einen anderen Punkt zu lenken oder Sie mit ein paar Beschwichtigungen abzufertigen.

Noch schlimmer ist es, wenn Sie sich nach einem völlig anderen Wertpapier erkundigen, das nicht auf der Liste der Verkaufsempfehlungen steht. Er wird ihnen abraten, ohne auf konkrete Details einzugehen oder Argumente anzuführen.

Die meisten Banken und Versicherungen geben für Schulungen über Finanzprodukte kaum Geld aus; das Gros der Seminare, Veranstaltungen und Workshops konzentriert sich auf den Vertrieb und ausgeklügelte psychologische Ansätze, wie man den Kunden am besten noch mehr verkaufen kann.

GELDANLAGEN MIT HOHEN VERTRIEBS- UND VERWALTUNGSKOSTEN:

→ Kapitallebensversicherungen
→ Rentenversicherungen
→ fondsgebundene Rentenversicherungen
→ Bausparverträge
→ Investmentfonds
→ geschlossene Fonds
→ Zertifikate
→ Riester- und Rürup-Verträge
→ Wohn-Riester

GELDANLAGEN MIT NIEDRIGEN KOSTEN:

→ ETFs
→ Aktien
→ Anleihen
→ Tagesgelder, Banksparpläne und Sparbücher

Die meisten Berater in den Filialen könnten Ihnen wahrscheinlich eher eine Einbauküche verkaufen als ein Wertpapier erklären. Wirklich reiche Leute – wie Millionäre und Milliardäre – haben sogenannte Family Offices, die von Fachleuten geleitet werden, und würden nie auf die Idee kommen, sich bei einer Bank oder Versicherung „beraten" zu lassen. Experten schmunzeln über Renten- und Lebensversicherungen, Investmentfonds und andere vergleichbare Produkte nur. Vergleichen Sie es mit Fast Food: Sie können sich gesund ernähren und selbst kochen oder auf die Fertigprodukte im Supermarkt zurückgreifen. Diese enthalten neben Geschmacksverstärkern und Konservierungsstoffen allerlei künstliche Zusätze. Dafür reicht es, wenn Sie diese Speisen kurz in der Mikrowelle erwärmen.

Ähnlich verhält es sich in der Finanzindustrie: Die zahlreichen Fertigprodukte (wie Kapitallebensversicherungen, private Rentenversicherungen, Riester-Verträge, Bausparverträge, aktiv verwaltete Investmentfonds) sind vorgefertigte Produkte, in denen zahlreiche Provisionen, Kosten und Gebühren versteckt sind. Sie sind sozusagen das Fast Food der Finanzbranche. Auf Ihre finanzielle Gesundheit haben Sie eine ähnliche Wirkung, wie wenn Sie sich nur von Fertiggerichten, Ravioli, Hamburgern und Würstchen ernähren würden.

Fachleute, die Millionäre und Milliardäre beraten, kennen längst die Ansätze, die wirklich sinnvoll sind. Es gibt tatsächlich wissenschaftlich untermauerte Strategien, die

GEHEIMNISSE

auch in den entsprechenden Fachpublikationen vorge-
stellt und erörtert werden.

Ihr Bankberater hat davon möglicherweise noch nie
etwas gehört, da er die meiste Zeit in mehrtägigen Psy-
chologieseminaren verbringt, in denen Vertriebsexper-
ten erklären, wie viele Sekunden man schweigen muss,
damit der Kunde seine Unterschrift unter einen Vertrag
setzt. In diesen Vertriebsseminaren kommt vom Urschrei
bis zur Neurolinguistischen Programmierung alles zur Anwendung.

Der Berater wird sich im Zweifelsfall eher mit Ihrer Kör-
persprache befassen als mit Ihren finanziellen Problemen.
Im besten Fall kennt der Berater wirklich lukrative Anlagestrategien aus Fachzeitschriften, kann Sie Ihnen aber
nicht nennen, da er strikt an die Vorgabeliste und die
Vertriebsziele der Bank gebunden ist.[81]

Mitarbeiter, die nämlich nicht eine bestimmte Anzahl
an Bausparverträgen, bankeigenen Investmentfonds,
Versicherungen oder Riester-Renten an den Kunden verkaufen, werden in der nächsten Teamsitzung offen vor
anderen Kollegen kritisiert. Im besten Fall erhalten diese Mitarbeiter weniger Provisionen; im schlimmsten Fall
erfolgt die Versetzung in eine weit entfernte Filiale oder
unter Umständen die unverblümte Empfehlung, zügig
über einen Berufswechsel nachzudenken. In den meisten
Fällen ist der Handlungsspielraum eines Beraters gering.
Er darf nur die Vorgaben der Bank umsetzen.[82]

TIPPS UND HINWEISE
Falls Sie Kinder haben, raten Sie Ihnen auf jeden
Fall von einer solchen Berufslaufbahn ab. Banken
und Versicherungen sind schon längst kein Paradies
mehr.

Lassen Sie es mich spöttisch formulieren: Selbst als Tierheilpraktiker, Schauspieler, Archäologe oder Aussteiger auf den Kanarischen Inseln könnten Ihre Kinder glücklicher werden.

Bei einem Anlagegespräch werden Sie also im Zweifelsfall nie erfahren, welche Anlagestrategien wirklich erfolgreich sind, da man Ihnen Finanzprodukte vermittelt, die wenig sinnvoll sind.

Die wirklich erfolgreichen Strategien sind längst veröffentlicht; nur macht sich kaum ein Anleger die Mühe, genauer nachzulesen und sich ausführlich zu informieren. Es sind eigentlich keine Geheimnisse, sondern längst publizierte Forschungsergebnisse. Ich möchte Ihnen daher im Folgenden erläutern, welche Methoden und Ansätze Profis haben.

GEHEIMNISSE

☞ GEHEIMNIS:

WIE DIE HARVARD- UND DIE YALE-UNIVERSITÄT GELD ANLEGEN

Die Harvard- und die Yale-Universität gehören zu den besten Hochschulen der Welt und werden in den USA zur „Ivy League" (der „Efeuliga") gezählt. Beide Bildungseinrichtungen finanzieren sich durch Studiengebühren und großzügige Spenden. Diese Gelder werden natürlich von Wirtschaftswissenschaftlern verwaltet, von denen einige sogar den Nobelpreis erhalten haben. Wer solche Berater hat, braucht sich natürlich nicht auf die sonderbaren Empfehlungen von provisionsabhängigen Bankangestellten verlassen. Vom finanziellen Erfolg der Wirtschaftswissenschaftler hängen nicht nur die Altersvorsorge und die Gehälter der Professoren, sondern auch die Forschungsmittel und die Stipendien der Studierenden ab. Die Strategien sind daher eher konservativ ausgerichtet.

Nun werden Sie einwenden: Sie hätten nie die Chance, die Anlagestrategien von Harvard und Yale kennen zu lernen, da diese vermutlich nicht öffentlich zugänglich seien. Doch das ist ein Irrtum: Diese Informationen sind öffentlich, und dieses Vorurteil zeigt schon, wie wenig Mühe sich manche Anleger geben, um eine bessere Altersvorsorge zu erreichen.

Allerdings möchte ich Ihre Euphorie etwas dämpfen. Diese Strategien können zwar genau nachvollzogen werden, aber aufgrund der besonderen Anlageformen und der Milliardenbeträge, die die Universitäten verwalten, kann dieses Modell leider nicht 1 zu 1 übernommen werden. So investieren die Universitäten große Beträge in Waldgrundstücke in den USA und Kanada.[83] Die Harvard-Universität investierte allein 3 Milliarden US-Dollar (dies entspricht zehn Prozent des Portfolios) in Wälder und Farmland.

Als normaler Anleger haben Sie nicht die Chance, dies zu tun. Sie können zwar auch in Deutschland für wenige Tausend Euro kleinere Wälder erstehen, aber Sie werden niemals auf die Renditen kommen, die ein professionelles forstwirtschaftliches Management erzielt. Von anderen Waldinvestments ist aufgrund der sehr schlechten Erfahrungen in der Vergangenheit dringend abzuraten. Häufig sind Sie als Eigentümer nicht einmal in das Grundbuch eingetragen, und die politische und wirtschaftliche Situation in manchen Ländern ist äußerst fragwürdig. Mit solchen alternativen Investments können Sie alles verlieren. Selbst die Harvard-Universität geriet beim Kauf von Wäldern in Rumänien in die Schlagzeilen, als sich herausstellte, dass die Preise völlig überhöht waren.[84]

Die beiden Eliteuniversitäten verwalten große Wälder aufgrund ihres Fachwissens selbst.

Aber auch Aktien und Anleihen sind in der Investmentstrategie enthalten. Hier ist die Chance, ein solches Portfolio genau nachzubilden, eher möglich.

Sie müssen sich nicht einmal die Mühe machen, diese Anlagestrategie ständig zu verfolgen; denn inzwischen gibt es Zertifikate, die genau das machen, was in Harvard und Yale beschlossen wird.[85]

Allerdings sollten Sie bedenken, dass Zertifikate im Grunde Bankanleihen sind, die an einen Wert (in diesem Fall: an die Strategie der Eliteuniversitäten) gekoppelt wurden. Falls die Bank zahlungsunfähig wird, sind solche Zertifikate sofort vollständig wertlos. Bei Lehman

GEHEIMNISSE

Brothers war genau dies der Fall. Zertifikate eignen sich daher eigentlich nicht für die langfristige Altersvorsorge.

> **TIPPS UND HINWEISE**
> Im Zweifelsfall sollten Sie lieber ganz auf Zertifikate verzichten, zumal auch hier Provisionen an die Bank fließen.

Allerdings ist es für Otto-Normal-Bürger natürlich nicht einfach, ständig die Anlageentscheidungen der Eliteuniversitäten zu verfolgen und umzusetzen. Insofern eignet sich diese Strategie nicht besonders, da einige Anlageformen (wie Immobilien und Wälder) ohnehin nicht berücksichtigt werden können (das ist auch bei den Zertifikaten der Fall). Zumindest können Sie aber lernen, wie Nobelpreisträger der Wirtschaftswissenschaften Anlageentscheidungen treffen und welche Rendite sie erzielen.

Allerdings beruht die Yale-Strategie[86] zum Großteil auf Anlageformen, die nicht an den Börsen gehandelt werden. Daher ist sie mit Zertifikaten kaum vollständig nachvollziehbar.

Das Portfolio der Eliteuniversität, das sich auf über 20 Milliarden US-Dollar beläuft, beruht vorwiegend auf Beteiligungen an Unternehmen (was im Fachjargon als „Private Equity" bezeichnet wird). Darüber hinaus besitzt die Yale-Universität Immobilien und investiert in Aktien, Hedgefonds und Rohstoffe.

In den vergangenen zwei Jahrzehnten kam die Hochschule auf eine jährliche Rendite von über 14 Prozent.

Für private Anleger ist es aber nahezu unmöglich, dieses Portfolio zu kopieren, da es sich vor allem aus Unternehmensbeteiligungen zusammensetzt. Im schweren Krisenjahr 2008 musste auch die Vermögensverwaltung der Yale Universität ein Minus von 25 Prozent verkraften. Beide Hochschulen waren nach 2008 weitaus weniger erfolgreich.[87]

Eine ähnliche Erfolgsgeschichte weisen Staatsfonds auf. Reiche Länder sorgen für zukünftige Generationen vor, indem sie Einnahmen an den Kapitalmärkten anlegen. Solche Staatsfonds gibt es beispielsweise in China und in Singapur. Einer der erfolgreichsten ist der Staatsfonds von Norwegen, der sich aus den Erdöleinnahmen des Landes speist.

Der norwegische Staatsfonds kommt auf ein Volumen von über 560 Milliarden US-Dollar und besitzt immerhin ein Prozent aller weltweit gehandelten Aktien.

Die Anlagerichtlinien sind streng konservativ, sodass der Fonds im Durchschnitt eine jährliche Rendite von etwas mehr als 5 Prozent erzielt.

Der Fonds in Oslo verfolgt eine Strategie, die zu 60 Prozent auf Aktien und zu 40 Prozent auf Anleihen beruht.[88] Aufgrund seiner immensen Größe kann der Staatsfonds aber nur auf sehr liquide Wertpapiere setzen. In der Vergangenheit wurden vorwiegend Aktien von großen Konzernen und im Bereich des Rentenmarkts vor allem Staatsanleihen gekauft, da nur diese einen uneingeschränkten Handel ermöglichen. In jüngster Zeit versucht der Fonds aber stärker, Unternehmensanleihen mit einzubeziehen.

Aufgrund ihrer Komplexität, der besonderen Bedingungen, der Größe und ihrer Vielzahl an Anlageinstrumenten sind die Strategien von Elite-Universitäten und Staatsfonds jedoch nur eingeschränkt oder gar nicht für Privatanleger geeignet. Kommen wir daher zu einem Ansatz, der eher für die Praxis geeignet ist.

GEHEIMNISSE

☞ GEHEIMNIS:

WAS WARREN BUFFETT SEINEN ERBEN RÄT

Warren Buffett gilt als der zweitreichste Mann der Welt. Er wurde durch seine Investmentgesellschaft Berkshire Hathaway zu einer Legende in Finanzkreisen.[89] Zeitweise erzielte dieser Fonds eine jährliche Rendite von mehr als 25 Prozent. Warren Buffett zeichnet sich durch seine Bescheidenheit und seine besondere Vorgehensweise aus.

So kauft der Finanztycoon aus Nebraska niemals Aktien von Unternehmen, deren Geschäftsmodell er nicht versteht oder nicht nachvollziehen kann.[90]

Er achtet vor allem auf Substanzwerte wie beispielsweise Coca Cola und hält sich bei seinen Analysen von dem geschäftigen Treiben der Wall Street fern.[91]

Er selbst lebt in der amerikanischen Provinz im beschaulichen Omaha, seinem Geburtsort, in einem kleinen Haus, das er bereits in den Fünfzigerjahren erworben hat. Dort widmet er sich in aller Ruhe dem Studium der Geschäftsberichte und lässt sich nicht durch andere Analysen und Meinungen irritieren. Der von Buffett praktizierte Anlagestil wird wegen seiner Konzentration auf Substanzwerte als „Value Investing" bezeichnet.[92] Im Vordergrund steht dabei der „innere Wert" eines Unternehmens. Eines seiner großen Vorbilder ist der legendäre Gründervater der Aktienanalyse – Benjamin Graham, der mit seinem Buch „Security Analysis" ein Jahrhundertwerk schuf. Wie außergewöhnlich Warren Buffett ist, können Sie auch daran erkennen, dass er beschlossen hat, 85 Prozent seines Vermögens für karitative Zwecke an verschiedene Stiftungen zu verschenken. Die jährlichen Treffen in Omaha gelten in der Presse ironisch als das „Woodstock"-Festival der Kapitalisten.

Wenn Sie vom Erfolg Warren Buffetts profitieren möchten, gibt es eine einfache Lösung. Die Investmentgesellschaft Berkshire Hathaway ist börsennotiert, und so können Sie Anteile jederzeit kaufen. Allerdings hat Warren Buffett nie einen Splitt durchgeführt, um den Erfolg des Unternehmens augenscheinlich zu machen. So notiert der Preis einer Aktie bereits jenseits der 200.000-Euro-Marke, was für manche Anleger vielleicht doch unerschwinglich ist. Man hat zwar parallel eine weitere Aktie, eine sogenannte B-Aktie, 1996 eingeführt, aber auch diese erreicht inzwischen atemberaubende Kurshöhen. In der Vergangenheit lag die Rendite von Berkshire Hathaway fast doppelt so hoch wie der Durchschnitt des US-Aktienmarktes, gemessen an dem breit gestreuten S&P500-Index. In den vergangenen Jahren schwächte sich der Erfolg allerdings ab.

Als wenig empfehlenswerte Lösung für Anleger gibt es außerdem Zertifikate von Banken, die die Wertentwicklung abbilden. Aber diese sind für die langfristige Altersvorsorge wenig geeignet, da Zertifikate immer von der Bonität der Bank abhängen. Dieses Emittentenrisiko sollte nie unterschätzt werden; denn über sehr lange Zeiträume kann niemand ausschließen, ob die herausgebende Bank nicht doch in eine schwere Krise gerät. Der direkte Erwerb der Aktien ist daher sinnvoller.

Warren Buffett ist ein überzeugter Fan von Aktien. In Deutschland fristet die Aktie als Instrument der Altersvorsorge zu Unrecht nur ein Schattendasein.

GEHEIMNISSE

TIPPS UND HINWEISE
Doch ohne Aktien werden Sie nie angemessene Renditen erzielen.

EXKURS: AKTIE

In Deutschland scheut man vor der Anlageform Aktie zurück, während in den USA, Großbritannien und vor allem in Schweden die Zahl der Aktionäre sehr hoch ist. Dies hat vermutlich damit zu tun, dass die Deutschen aufgrund ihres großen Hangs zur Sicherheit Versicherungen den Vorzug geben, obwohl solche Investments wegen der geringen Rendite keine empfehlenswerte Investition sind und sich nicht für die Altersvorsorge eignen.

Würden Sie Aktien kaufen? Seien Sie ehrlich! Die meisten Anleger fürchten sich vor unberechenbaren Kursschwankungen, drastischen Verlusten und undurchschaubaren Marktmechanismen. In der Tat bergen Aktien solche Risiken.

Eine Aktie kann, wenn Sie Glück haben, innerhalb eines Jahres einen gewaltigen Sprung machen und sich im Wert verdoppeln. Wenn Sie aber Pech haben, kann der Aktienkurs auch drastisch einbrechen. Viele Anleger sind daher äußerst skeptisch und verzichten auf Aktieninvestments.

TIPPS UND HINWEISE
Doch Sie sollten eines bedenken: Wenn Sie nicht bereit sind, größere Risiken einzugehen, werden Sie an den Finanzmärkten stets nur geringe Renditen erzielen.

Langfristig ist die Anlage in Aktien trotz aller Bedenken und Vorbehalte relativ sicher, wenn Sie eine breite Streuung vornehmen. In der Regel kommen Aktien aus entwickelten Ländern im langfristigen Durchschnitt von 10 bis 20 Jahren auf eine jährliche Rendite von rund 8 Prozent.[93]

Eine Aktie hat gegenüber der Anleihe, die nur eine Schuldverschreibung ist, den unschätzbaren Vorteil, eine Unternehmensbeteiligung zu verkörpern. Bei einer schweren Inflation schmilzt das Vermögen eines Anlegers, der sich auf Anleihen fokussiert hart, wie Schnee in der Sonne.

Denken Sie bitte einmal an die galoppierende Inflation von 1923 zurück, als die Angestellten und Arbeiter mit Milliarden und Billionen voller Papiergeld in der Mittagspause einkaufen gingen. Ein Brot kostete Billionen, selbst Briefmarken waren nur noch für Millionen Mark zu haben.

Ganz anders sah es aus, wenn Sie 1923 Aktien besaßen; denn diese stellen einen Sachwert dar, der mit der Inflation ansteigt. Während Sie bei einer Anleihe nur einen Schuldtitel haben und in der Position eines Gläubigers sind, besitzen Sie bei einer Aktie einen entsprechenden Anteil des Unternehmens. Sie sollten sich das bildlich vorstellen: Wenn das Unternehmen beispielsweise Autos produziert, so gehören Ihnen als Aktionär ein Teil der Gebäude, der Grundstücke, der Maschinen, der Fertigungsbänder, der Rohstoffe und der hergestellten Waren. Eine schwere Inflation kann Ihnen keinen Schaden zufügen; denn das Gebäude und all die anderen Dinge stehen noch immer da, und ihr Verkaufswert ist mit der Inflation gleichfalls gestiegen.

Wer deshalb nach dem Krieg Aktien besaß, war immer noch wohlhabend, während die Anleihen durch die gestaute Inflation nach 1945 praktisch völlig entwertet

GEHEIMNISSE

wurden. Aktien dagegen stiegen im Wert, falls die Produktionsanlagen noch einigermaßen intakt waren. Hätten Sie gar Schweizer, amerikanische oder schwedische Aktien Ihr Eigen genannt, so hätten Sie nach dem Krieg von einer viel besseren Position aus starten können.

Die Aktie ist ein Sachwert und partizipiert daher auch an den Gewinnen des Unternehmens, die als Dividende ausgeschüttet werden. Die Globalisierung und Deregulierung der Kapitalmärkte haben dazu geführt, dass man heutzutage mit Hilfe der Informationstechnologie auf Knopfdruck Milliarden auf der ganzen Welt anlegen kann. Während unsere Großeltern bei einer Bank allenfalls Siemens-Aktien erwarben und diese Papiere als einen Stapel im Tresor aufbewahrten, kann man in unserer Zeit auf der ganzen Welt Aktien kaufen, die dann elektronisch verwahrt werden. Das ist fast schon ein kleines Wunder: Stellen Sie sich vor – Sie kaufen Aktien aus Hongkong, Singapur, New York, Bangkok, Budapest und Prag. Und dies alles von Zuhause aus. Umfassende und aktuelle Informationen, die früher Banken vorbehalten waren, erhalten Sie heute ohne großen Aufwand und kostenlos über das Internet. Sie können das Geschehen an der Wall Street live über die Datenautobahn miterleben. Aktien sind daher wertvoller als beispielsweise Immobilien.

Wenn Sie eine Eigentumswohnung oder ein Mehrfamilienhaus als Kapitalanlage erwerben, bestehen Ihre Erträge aus Mieteinnahmen. Solche Mieten können Sie aber nicht schnell um 50 Prozent erhöhen oder verdoppeln. Bei einem Unternehmen, das eine neue Technologie entwickelt oder einen neuen Markt erschließt, können die Gewinne dramatisch steigen und damit auch der Wert der Aktie.

Dennoch sollten Sie Folgendes bedenken: Die Auswahl einzelner Aktien ist immer riskant. Wenn Sie in ein Unternehmen investieren, das insolvent wird, ist Ihr gesamtes Kapital (bis auf eine Restquote aus der Insolvenz) verloren. Daher ist die Auswahl einzelner Aktien für die Altersvorsorge niemals empfehlenswert.

> **TIPPS UND HINWEISE**
> Viel ratsamer ist es, gleich in einen gesamten Aktienmarkt zu investieren und auf diese Weise breit zu streuen.

Warren Buffetts Berkshire Hathaway ist breit aufgestellt und erfüllt zumindest dieses Kriterium. Aber Sie sollten noch etwas beachten. Warren Buffett hatte seine größten Erfolge in den Fünfziger-, Sechziger- und Siebzigerjahren. In jüngster Zeit schnitt Berkshire Hathaway deutlich schlechter ab. Zudem wird Warren Buffett immer älter, und eine klare Nachfolgeregelung gibt es bislang nicht. Warren Buffett selbst befürchtet, dass seine Erben vielleicht weniger Glück mit ihren Investments haben könnten. Deshalb hat er ihnen vorsorglich eine Empfehlung ausgesprochen, um zu verhindern, dass sie ein finanzielles Desaster erleiden.

Warren Buffett rät seinen Erben, auf jeden Fall zu jener Strategie, die ich Ihnen im Folgenden skizziere. Ich möchte diesen Ansatz die Nobelpreisträger-Strategie nennen.

GEHEIMNISSE

☞ GEHEIMNIS:

DIE NOBELPREISTRÄGER-STRATEGIE

Das Erstaunlichste ist: Warren Buffett rät inzwischen davon ab, Aktien gezielt auszuwählen.[94] Seiner Frau Astrid gab er die Empfehlung, den größten Teil des Geldes in einen ETF zu investieren, der den marktbreiten S&P500-Index abbildet.[95]

Die meisten Nobelpreisträger der Wirtschaftswissenschaften sind der gleichen Meinung und halten nichts von einem aktiven Portfoliomanagement, bei dem gezielt einzelne Aktien ausgewählt werden.[96] Der Grund: In den Geschäftsberichten sind nur Zahlen aus der Vergangenheit enthalten, die eigentlich kaum etwas über die Zukunft eines Unternehmens aussagen. Zwar lassen sich ungefähre Rückschlüsse ziehen, aber häufig sind die Prognosen, die daraus abgeleitet werden, falsch und unzutreffend. Wäre es nämlich so einfach, einen Geschäftsbericht zu lesen und dann eine Aktie zu kaufen, würde es jeder machen.

Jahresabschlüsse können durch die sogenannte Bilanzkosmetik gezielt verändert werden. Die gesetzlichen Vorschriften für die Bilanzierung sind so weit gefasst und derart flexibel, dass es für jeden Experten eine durchaus machbare Aufgabe ist, je nach Wunsch der Unternehmensleitung einen Verlust in einen Gewinn oder einen Gewinn in einen Verlust zu verwandeln. Nur wer die Bilanz erstellt hat, weiß letztlich, ob das Unternehmen eine Rendite erzielt oder nicht. Das mag zynisch klingen, ist aber Realität.

Die Nobelpreisträger (darunter Eugene Fama) – und mit ihnen Warren Buffett in seinem Vermächtnis – raten dazu, breit in die Märkte einzusteigen und mehrere Jahre abzuwarten. Diese Buy-and-hold-Strategie funktioniert tatsächlich; allerdings sollten Sie sehr lange Zeiträume einplanen. Schon nach zehn Jahren können Sie fast sicher in die Gewinnzone kommen. Jedoch ist es besser, wenn Sie mindestens 20 oder 30 Jahre durchhalten. Die Nobelpreisträger-Strategie ist daher ein Ansatz für Leute, die gerade erst ihre Berufsausbildung oder ihr Studium begonnen haben.

Warum funktioniert diese Strategie? Langfristig steigen die Aktienmärkte, da die jeweiligen Volkswirtschaften wachsen. Im Durchschnitt werden Sie mit diesem Ansatz in den entwickelten Ländern eine jährliche Rendite von rund acht Prozent erzielen. Dies sind deutlich mehr als das kümmerliche ein Prozent, das ihnen Sparbücher, Riester-Verträge, Lebens- und Rentenversicherungen bescheren – wenn überhaupt.

Trotzdem hat auch diese Strategie ihre Fallstricke und Tücken: Am schwierigsten zu beherrschen sind die psychologischen Herausforderungen. Viele Anleger verkraften es nicht, wenn der Aktienmarkt in den Keller rauscht, und stoßen vorzeitig ihre Positionen ab. Doch genau dieses Vorgehen ist ein Kardinalfehler. Sie müssen bei dieser Methode eisern und unerbittlich an Ihren Beständen festhalten, auch wenn der Aktienmarkt wahre Kapriolen schlägt und eine Achterbahnfahrt hinlegt. Genau an dieser Herausforderung scheitern die meisten Anleger.

In den Neunzigerjahren, dem goldenen Zeitalter der Börse, lag die Rendite bei weit über 20 Prozent jährlich. Erheblich schwieriger war es nach der Jahrtausendwende. Dieses krisengeschüttelte Jahrzehnt trieb die Anleger regelrecht in die Verzweiflung:

→ Zuerst kam die schwere Dot-com-Krise, bei der Internetaktien innerhalb von Monaten nahezu völlig wertlos wurden. Der Index des Neuen Marktes, der die hippen

GEHEIMNISSE

Technologiewerte zusammenfasste, sackte innerhalb weniger Monate um mehr als 90 Prozent ab. Wer damals die beliebten Internetwerte gekauft hatte, war innerhalb kürzester Zeit ruiniert.

→ Doch es kam noch schlimmer: Mit den Anschlägen vom 11. September 2011 brach eine unbeschreibliche Panik aus. Zwar gelang es den Staaten, die Börsen zu beruhigen, aber der Kursverfall, der durch die Krise der Internetwerte ausgelöst wurde, beschleunigte sich nun. Fast alle Segmente des Aktienmarktes fielen ins Bodenlose; auch Qualitätsaktien und altehrwürdige Unternehmen, die seit Jahrzehnten hochwertige Produkte verkauften, traten den Tiefflug an. Danach folgte eine mehrjährige Erholung.

→ Doch mit der Krise des Hypothekenmarktes in den USA, die 2007 einsetzte und ihren Gipfel im Herbst 2008 mit dem Zusammenbruch von Lehman Brothers fand, begannen die Aktienmärkte weltweit wieder in einen tiefen Abgrund zu stürzen. Nach einer Erholung sorgten noch einmal die Eurozone und das bankrottgefährdete Griechenland für Turbulenzen.

Wer all diese Krisen, Crashs und Katastrophen durchgehalten hatte, wurde auch am Aktienmarkt leider nur mit ein paar mageren Prozent belohnt. Die Dekade nach der Jahrtausendwende war sicher eine der schwierigsten in der gesamten Börsengeschichte. Deshalb gilt für die Nobelpreisträger-Strategie: Sie sollten nach diesen Erfahrungen schon 20 oder 30 Jahre einplanen.

Falls Ihnen das zu lang ist oder Sie sich schon in einem vorgerückten Alter befinden und Ihre Altersvorsorge nicht über einen solchen Zeitraum planen können, habe ich noch einen weiteren Ansatz, den ich Ihnen in einem späteren Kapitel vorstelle.

Wie können Sie die Nobelpreisträger-Strategie für Ihre

Kinder und Enkel nutzen? Sie sollten wissen, dass eine breite Streuung für erheblich mehr Sicherheit sorgt. Kaufen Sie auf keinen Fall einzelne Aktien; Sie erreichen dadurch niemals eine vernünftige Diversifikation. Das Patentrezept für die Nobelpreisträger-Strategie sind ETFs.

EXKURS: ETFs

Die Abkürzung „ETF" steht für „Exchange Traded Funds"; darunter versteht man börsengehandelte Indexfonds.

Stellen Sie sich vor, Sie möchten die Wertentwicklung des DAX wiedergeben. Um dies zu erreichen, müssten Sie 30 verschiedene Aktien kaufen; denn so viele enthält der deutsche Leitindex. Ein solches Vorgehen ist nicht nur sehr umständlich und aufwändig, sondern auch teuer. Wesentlich einfacher wäre es, wenn es einen Fonds gäbe, der genau diese 30 Aktien enthielte. Und genau dies machen Indexfonds. Der Vorteil: Sie müssen nicht 30 Aktien, sondern nur einen Indexfonds erwerben.

ETFs unterscheiden sich grundlegend von den aktiv gemanagten Investmentfonds. Bei den aktiv gemanagten Investmentfonds wählt die Fondsleitung bestimmte Aktien aus, von denen sie glaubt, dass sie besser als der Marktdurchschnitt abschneiden. Eine solche aktive Auswahl ist teuer, denn das Fondsmanagement lässt sich dieses vermeintliche Fachwissen teuer bezahlen. In der Regel beträgt die jährliche Managementgebühr 1,5 bis 2 Prozent. Doch das Kuriose ist: Die meisten dieser aktiv gemanagten Investmentfonds entwickeln sich langfristig schlechter als der Markt. Wer also diesen hoch bezahlten Fondsmanagern vertraut, bekommt schlechtere Ergebnisse, als wenn er einfach in einem Gesamtmarkt investiert hätte. Denn die hohen Gebühren schmälern drastisch die Rendite.

Aspekt	Investmentfonds	ETF
Investmentkonzept	Aktives Management	Passives Investieren
Ausgabeaufschlag	Aktienfonds (5%) Rentenfonds (3%) Immobilienfonds (5%)	keiner
Jährliche Managementgebühren	1 bis 2 % pro Jahr	0,09 bis 1 % pro Jahr
Erfolgsabhängige Vergütung	bei manchen Fonds	keine
Börsenhandel	teilweise (bei bekannten Publikumsfonds)	immer
Wertentwicklung zum Vergleichsindex	nur 20% der Fonds schneiden besser ab	Wertentwicklung entspricht zu fast 100% dem Index

Bei einem ETF hingegen sind genau die Aktien in dem Korb enthalten, die auch im Index vorhanden sind. Die Zusammensetzung und die Gewichtung stimmen mit dem Index überein. Daher muss niemand 30 Aktien kaufen, um den DAX abzubilden. Ein einziger DAX-ETF genügt.

ETFs sind zudem erheblich billiger, denn das Fondsmanagement muss eigentlich gar nichts machen. Nur gelegentlich werden im Index einzelne Unternehmen ersetzt; dann muss auch im ETF die Veränderung vorgenommen werden. Solche Änderungen finden jedoch nur vierteljährlich statt, und betroffen sind in der Regel lediglich ein oder zwei Werte. Aus diesem Grund beträgt die jährliche Managementgebühr bei einem DAX-ETF weniger als 0,1 Prozent. Während Sie für einen aktiv gemanagten Investmentfonds, der sich auf den deutschen Aktienmarkt spezialisiert hat, immerhin mehr als 1,5 Prozent berappen müssen, sind es bei einem DAX-ETF weniger als 0,1 Prozent.

Aspekt	Investmentfonds	ETF
Ausgabeaufschlag (einmalig)	Aktienfonds: 5-6 % Rentenfonds: 3 % Mischfonds: 3-5 % Immobilienfonds: 5 %	keiner
Jährliche Managementgebühr	1 bis 2 %	0 bis 1 % Standardindizes: 0,09 % Seltenere Indizes: 0,3 % Strategieindizes: bis 1 %
Performancefee (erfolgsabhängige Gebühr)	bei einigen Fonds: bis zu 20 % des Gewinns	keine
Depotgebühr	Regelfall: 1 bis 3 Promille des Depotwerts, bei Direktbanken und Investmentgesellschaften: meist kostenlos	
Kauf und Verkauf über die Börse	Bankprovision: bis zu 1 %, bei einigen Direktbanken: pauschal zwischen 6 und 20 Euro	Kosten fallen nur an, wenn Investmentfonds über die Börse erworben werden (dann entfällt der Ausgabeaufschlag).

Glauben Sie ernsthaft, das Fachwissen der Fondsmanager ist das 15-Fache an Gebühren wert?

Indexfonds spiegeln immer die Wertentwicklung eines Marktes wider und können daher den Markt weder übertreffen noch schlechter abschneiden. Manche Anleger halten deshalb ETFs für langweilig. Doch das ist ein Irrtum; denn die meisten Fondsmanager, die von sich behaupten, sie könnten ohne weiteres durch eine gezielte Aktienauswahl den Markt überflügeln und eine wesentlich bessere Performance erzielen, scheitern kläglich.

GEHEIMNISSE

Vorteile von ETFs:
→ kein Ausgabeaufschlag
→ niedrige Managementgebühren
→ Börsenhandel und Liquidität
→ hohe Flexibilität und Transparenz
→ kein Emittentenrisiko (Sondervermögen)
→ ETFs sind immer so gut wie der Markt

Wenn Sie nun die Nobelpreisträger-Strategie umsetzen, sollten Sie breit streuen. Wie wir bereits gesehen haben, war das turbulente Jahrzehnt nach 2000 nicht besonders erfreulich. Es ist daher immer von Vorteil, möglichst breit aufgestellt zu sein. In irgendeinem Land auf diesem Globus steigen nämlich die Kurse immer. Wenn Sie sich hingegen nur auf wenige Regionen konzentrieren, ist die Gefahr größer, dass Sie nur spärliche Renditen ernten.

Wie erreicht man nun eine möglichst breite Streuung? Der Fehler etlicher Anleger besteht darin, dass sie das eigene Land für besonders sicher und zuverlässig halten. US-Amerikaner investieren mit Vorliebe in US-Werte; deutsche Anleger halten nur deutsche Aktiengesellschaften für zuverlässig, und Österreicher werden nur den Aktien an der Wiener Börse trauen. Dieses Phänomen wird von Fachleuten als „Home Bias" bezeichnet.

Bei der Nobelpreisträger-Strategie sollten Sie aber möglichst global agieren. Wenn in den USA oder in Deutschland die Börsen den Rückwärtsgang einlegen, können Sie vielleicht in Brasilien oder in Indonesien Gewinne erzielen. Sie sollten zudem beachten, dass viele Aktienmärkte miteinander korrelieren. Das bedeutet: Viele Börsen befinden sich im Gleichlauf. Geht es an der Wall Street bergab, werden auch in Europa wenige Minuten später die Börsen nachgeben. Es macht beispielsweise keinen Sinn, in deutsche, französische oder britische Aktien zu investieren. Dadurch erreichen Sie keine breite

Streuung. Die meisten europäischen Märkte (mit Ausnahme von Osteuropa) sind fast gleich getaktet. Um eine echte Diversifikation zu erreichen, müssen Sie weiter entfernte Regionen der Weltwirtschaft mit einbeziehen. Wie können Sie dies erreichen?

> **TIPPS UND HINWEISE**
> Es gibt nicht nur ETFs auf einzelne Länderindizes wie den DAX oder den britischen FTSE 100, sondern auch auf ganze Regionen wie die Eurozone oder Europa.

Noch erheblich besser ist es, wenn Sie gleich global investieren. Beispielsweise werden ETFs angeboten, denen ein Weltindex zugrunde liegt. Zwar können solche Weltindizes nicht alle Länder der Welt abdecken (dafür sind Staaten wie die Mongolei, Laos, Kambodscha, Bolivien oder Myanmar noch zu wenig erschlossen), aber die wichtigsten Volkswirtschaften werden mit einbezogen. Ein solcher Index ist beispielsweise der MSCI World IMI, der neben 24 entwickelten Ländern auch über 20 Schwellenmärkte umfasst. Der bekanntere MSCI World hingegen, der häufiger angeboten wird, eignet sich nicht. Er erstreckt sich zwar auch auf 24 entwickelte Länder, klammert aber alle Emerging Markets aus. Darüber hinaus machen die USA aufgrund ihrer hoch entwickelten Aktienkultur nahezu 50 Prozent des gesamten Index aus. Eine solche Schwerpunktbildung ist nicht sinnvoll.

Zusätzlich zu einem ETF auf einen Weltindex können Sie weitere Akzente setzen und einige Regionen stärker gewichten. Beispielsweise könnten Sie zusätzlich die Region Europa in einem ETF bündeln oder speziell auf Skandinavien setzen. Auch andere Regionen wie Nordamerika, Südostasien oder Lateinamerika könnte man

GEHEIMNISSE

jeweils durch zusätzliche ETFs in die Anlagestrategie mit einbeziehen.

Wichtig ist hierbei Folgendes: Wählen Sie die ETFs sorgfältig aus. Es gibt nämlich zwei Arten von Indexfonds: solche mit physischer Replikation und synthetische ETFs.

Lassen Sie sich von diesen komplizierten und schwer verständlichen Fachbegriffen nicht abschrecken. Ein physisch replizierender ETF ist ein Indexfonds, der alle Aktien enthält, die in einem Index zusammengefasst sind. Das bedeutet: Ein solcher ETF umfasst beim DAX alle 30 Aktien – von A wie Allianz bis V wie VW. Doch die Banken sind einfallsreich. Einige dieser Institute haben nämlich andere Aktien oder Wertpapiere und möchten diese gerne irgendwo „unterbringen". Deshalb wurden synthetische ETFs erfunden. Alle Papiere, die die Bank nicht benötigt, „stopft" sie daher in die Töpfe solcher „synthetischen" ETFs. Daher kann es sein, dass in einem ETF, auf dem das Etikett „DAX" klebt, sich chinesische, japanische, spanische, griechische oder brasilianische Aktien befinden.

„Ist denn so etwas erlaubt?", werden Sie erstaunt fragen. Anscheinend! Schuld sind aber nicht die Banken, sondern die Regierungen, die ein solches Treiben hinnehmen.

Nun werden Sie Folgendes einwenden: Wenn ein ETF brasilianische oder griechische Aktien enthält, aber vorgibt, den DAX widerzuspiegeln, wie kann dieser Fonds dann die Wertentwicklung des deutschen Leitindex erreichen? Der Zaubertrick lautet „Swaps"; das sind Vereinbarungen, mit deren Hilfe ein externer Dienstleister die Wertentwicklung so „trimmt", dass sie der des DAX entspricht. Tatsächlich ist so etwas mit verschiedenen Methoden möglich. Aber Sie können sich vorstellen, dass man allerlei Aufwand treiben muss, um aus griechischen

Aktien auf dem Papier deutsche zu machen, und das alles nur, damit die Bank ihre Wertpapiere in einem ETF entsorgen kann.

Aspekt	Volle Replikation	Optimierte Replikation	Synthetische Replikation
Zusammensetzung	100 % Wertpapiere	Wertpapiere und Swaps	Zusammensetzung
Tracking Error (Abweichung vom Index)	höher	geringer	Tracking Error (Abweichung vom Index)
Nachteile	höhere Kosten bei exotischen Märkten nicht machbar bei Indizes mit geringer Streuung teuer	Risiko, dass Swaps ausfallen (Kontrahentenrisiko)	Nachteile

GEHEIMNISSE

Was sollten Sie daher tun? Kaufen Sie niemals synthetische ETFs. Dieses Vorgehen erinnert mich an Pizza; auf manchen Pizzen befindet sich vermeintlich Käse, aber in Wirklichkeit handelt es sich um künstlichen „Analog-Käse", der aus Fett hergestellt wird, um Kosten zu sparen. Synthetische ETFs sind nichts anderes als „Analog-Käse" in der Finanzwelt.

Nehmen Sie daher nur physisch replizierende ETFs, die alle Aktien des Index enthalten müssen.

Wie sicher sind eigentlich ETFs? Was würde geschehen, wenn die Fondsgesellschaft zahlungsunfähig würde? Glücklicherweise ist ein solcher Fall im ETF-Bereich noch nie eingetreten, aber wer weiß, was die Zukunft alles mit sich bringt? Wenn die Fondsgesellschaft zahlungsunfähig ist, muss der Insolvenzverwalter Ihnen die Wertpapiere überstellen. Diese gelten nämlich als Sondervermögen, das Ihnen persönlich gehört und nicht unter die Insolvenzmasse fällt. Da der Fonds dann nicht mehr existiert, würde der Insolvenzverwalter Ihnen die Wertpapiere ins Depot buchen, die im ETF enthalten sind. Für einige Anleger wäre es doch eine große Überraschung, wenn anstelle von DAX-Aktien plötzlich chinesische, spanische, italienische oder griechische Aktien auf dem Auszug erschienen, was bei synthetischen ETFs der Fall wäre. Natürlich können Sie Glück haben und die Titel sind auch nach einem Crash etwas wert oder entwickeln sich sogar stabil. Aber ich finde, wenn Sie einen DAX-ETF kaufen, können Sie völlig zu Recht erwarten, dass darin auch DAX-Aktien enthalten sind. Wenn Sie im Supermarkt eine Packung Cornflakes kaufen, nehmen Sie schließlich auch nicht hin, wenn in der Packung plötzlich Reis enthalten ist, obwohl „Cornflakes" auf der Packung steht.

Ein weiteres Ärgernis ist die Wertpapierleihe. Fast alle Banken verleihen die Wertpapiere, die im ETF enthalten sind; dafür erhalten sie Erträge. Da es bei solchen Fonds um Milliardensummen geht, lohnt sich die Wertpapierleihe. Allerdings hat die Sache einen entscheidenden Haken: Wenn der Entleiher Insolvenz anmelden muss, wäre das gesamte Wertpapiervermögen verloren. Aus diesem Grunde lassen sich die Banken Sicherheiten (Collaterals) geben, die nach einem hausinternen Risikosystem bewertet werden. Im Ernstfall kommt es folglich darauf an, wie werthaltig diese Sicherheiten sind.

Natürlich wird in den Prospekten gerne betont, dass diese Sicherheiten völlig ausreichend seien, dass überbesichert werde (d.h. die Sicherheiten deckten mehr als 100 Prozent der entliehenen Wertpapiere ab) und dass alles durch ein umfassendes Risikobewertungssystem geprüft sei. Klingt gut, aber in der Realität kommen Zweifel auf.

Die Banken halten sich sehr bedeckt mit den Detailinformationen. Häufig lässt sich nicht ermitteln, welche Wertpapiere als Sicherheiten hinterlegt wurden. Das können deutsche Staatsanleihen (sehr gut) oder DAX-Aktien (gut) oder eben auch italienische oder spanische Staatsanleihen (schlecht) sein. Seltsamerweise schreibt kaum eine Bank auf ihrer Webseite, wie sich diese Sicherheiten genau zusammensetzen. Warum eigentlich?

Hinzu kommt ein weiteres Problem: Häufig sind die Entleiher Tochtergesellschaften der jeweiligen Bank. Das bedeutet: Das Geschäft wird nicht mit irgendwelchen externen Dienstleistern abgewickelt, sondern verbleibt innerhalb des Konzerns, sodass die Bank zusätzlich profitiert. Sollte aber das Institut in schwere Probleme geraten und insolvent werden, dann würden die Sicherheiten nichts nützen; denn mit dem Mutterkonzern wäre auch die Tochtergesellschaft pleite.

Und was der Gipfel ist: Etliche Banken behalten die Erträge, die aus der Wertpapierleihe resultieren, einfach für sich selbst, obwohl sie dem Anleger zustehen, der auch das Risiko trägt. Nach deutlicher Kritik von Fachleuten haben sich einige Banken immerhin dazu durchgerungen, an die Kunden die Hälfte der Erträge weiterzureichen.

Falls Sie nun sagen, ETFs seien doch für die Altersvorsorge nicht das ideale Instrument, dann muss ich fragen: Was wäre die Alternative? Übrigens wird auch bei herkömmlichen Investmentfonds die Wertpapierleihe in vollem Umfang praktiziert. Dort haben Sie genau dasselbe Risiko. Die einzige Alternative wäre, Sie kauften einzelne Aktien. Dann haben Sie die Fondslösung vermieden.

GEHEIMNISSE

TIPPS UND HINWEISE

Allerdings sollten Sie bedenken, dass Sie mit Aktien niemals eine ausreichende Streuung erreichen – das Risiko durch eine falsche Titelauswahl steigt beträchtlich. Falls Sie an ein Unternehmen geraten, das zahlungsunfähig wird, verlieren Sie alles.

Mit ETFs können Sie zumindest wesentlich breiter streuen. Nehmen Sie als Beispiel den S&P500. Dieser amerikanische Index umfasst – wie die Bezeichnung bereits andeutet – 500 US-Aktien aus den verschiedensten Branchen. Als Kleinanleger werden Sie es niemals schaffen, ein Portfolio mit 500 verschiedenen Aktien aufzubauen. Allein die Kosten für den Kauf und Verkauf von so vielen Einzeltiteln wären horrend.

Es werden auch Indizes angeboten, die sich auf noch mehr Aktien erstrecken. So enthält beispielsweise der Russell 2000, wie der Name bereits besagt, 2.000 US-Nebenwerte. Indexfonds haben folglich durchaus große Vorteile. Bei Renten-ETFs überwiegen die Vorteile, denn Börsenbarometer, die sich auf Anleihen beziehen, fassen Tausende von Schuldverschreibungen zusammen. Allerdings wählen die Fondsbetreiber in diesen Fällen vorwiegend eine optimierte Replikation. Darunter versteht man Folgendes: Für den Fonds ist es oft sehr schwierig bis unmöglich, Tausende von verschiedenen Anleihen in einen ETF zu nehmen. Stattdessen werden einige hundert Anleihen ausgewählt, die im Großen und Ganzen das gesamte Portfolio repräsentieren. Diese Repräsentationsmethode ist relativ sicher, da die wichtigsten Wertpapiere enthalten sind. Dadurch kann der Index oft mit einer Zuverlässigkeit von über 95 Prozent abgebildet werden. Dass nicht alle Anleihen gekauft werden können, liegt daran, dass der

Rentenmarkt anders als der Aktienmarkt sehr eng ist und bisweilen ein geringes Handelsvolumen aufweist.

Das mag überraschen, da doch Schuldverschreibungen eine viel größere Rolle als Aktien spielen. Der Kern des Problems ist: Viele Versicherungen, Banken und Pensionsfonds halten Anleihen bis zu ihrer Endfälligkeit. Die Papiere werden gleich nach der Emission erworben und bis zum Ende im Portfolio gehalten. Daher kommt so gut wie nie ein Handel an der Börse zustande. Die Umsätze sind so dünn, dass selbst Privatanleger, die nur für wenige tausend Euro Anleihen erwerben wollen, nicht zum Zuge kommen. Die Fondsanbieter müssen daher auf Anleihen mit einem hohen Volumen ausweichen. In den meisten Fällen genügen diese aber, um den gesamten Index abzubilden. Selbst wenn nur einige Hundert verschiedene Anleihen in einem ETF enthalten sind, genügt dies für eine ausreichende Risikostreuung.

Beim Kauf von ETFs sollten Sie die folgenden Aspekte beachten:

→ Der Kauf von ETFs lohnt sich vor allem über Direktbanken, die ihre Geschäfte vorwiegend über das Internet abwickeln. Banken, die viele Filialen unterhalten, sind nicht selten teuer und berechnen für den Kauf und Verkauf von Wertpapieren eine hohe Pauschale (bis zu 30 Euro je Transaktion). Bei einer Direktbank können Sie einen Wertpapierkauf für weniger als 10 Euro durchführen, und bei Sonderaktionen ist der Kauf und Verkauf vollständig kostenlos. Falls Sie Direktbanken misstrauen: Bedenken Sie, dass selbst etablierte Filialbanken wie die Deutsche Bank, die Commerzbank und die Sparkassen eigene Tochtergesellschaften gegründet haben, die als Direktbanken ihre Dienste anbieten. So heißt beispielsweise die Direktbank der Commerzbank „comdirekt", und die Deutsche Bank nennt ihren Able-

GEHEIMNISSE

ger „Maxblue". Die Sparkassen offerieren ihre Online-dienste unter dem Namen „S-Broker".

→ Akzeptieren Sie unter keinen Umständen Depotgebühren für die Verwaltung Ihrer Wertpapiere. Nahezu alle Direktbanken machen dies kostenlos für Sie.

→ Achten Sie beim Erteilen des Wertpapierauftrags darauf, welche zusätzlichen Gebühren anfallen. Die einzelnen Börsenplätze berechnen eine sogenannte Courtage, ein Börsenplatzentgelt, für die Durchführung des Auftrags. Auch hier gibt es zwischen den verschiedenen Börsen geringfügige Unterschiede. Sie können sich diese Gebühr sparen, wenn Sie Ihren Wertpapierauftrag außerbörslich über die Handelsplattform einer Bank platzieren. Dies hat Vor- und Nachteile: Ein erheblicher Nachteil besteht darin, dass solche Handelsplattformen nicht amtlich überwacht werden. Sogenannte „Mistrades", die zu ungünstigen Kursen für Kunden führen, können vorkommen. Beim ETF-Handel ist die Gefahr geringer, da in diesem Bereich eine hohe Liquidität gegeben ist. Sie sollten beim Kauf aber vorher die Preise genau vergleichen. Wenn an allen Börsen (beispielsweise in Frankfurt und in Stuttgart) sowie an den Handelsplattformen verschiedener Banken der gleiche Kurs geboten wird, ist der Kauf über die Handelsplattform relativ risikolos. Achten Sie darauf, dass in der Maske genau der Preis eingeblendet wird, den Sie recherchiert haben. Unter diesen Umständen hat der Erwerb über eine außerbörsliche Plattform der Bank sogar erhebliche Vorteile: Sie sparen das Börsenplatzentgelt, die Ausführung erfolgt sofort, und es entstehen keine Teilausführungen. An manchen Börsen werden nämlich nur Teile des Auftrags ausgeführt. Wenn Sie beispielsweise 200 ETFs geordert haben, kann es vorkommen, dass Sie im ersten Anlauf nur 100 Stück erhalten und dann in einer getrennten Transaktion die restlichen 100 Anteile. Solche Teilausführungen sind ein Ärgernis, denn wenn Sie Kunde bei einer Filialbank sind, wird Ihnen die Provision für den Kauf (also die Pauschale) zwei Mal in Rechnung gestellt. Dasselbe gilt für das Börsenplatzentgelt. Der außerbörsliche Handel verzichtet auf solche Teilausführungen. Sie erhalten folglich immer genau die Menge, die Sie geordert haben.

→ Die Höhe der jährlichen Managementgebühren können Sie der TER (Total Expense Ratio) entnehmen, die bei Fonds häufig angegeben wird.

Diese Gesamtkostenquote umfasst die wichtigsten Kosten, die ein Fonds oder – in unserem Fall – ein ETF verursacht. Sie sollten jedoch wissen, dass nicht alle Kosten berücksichtigt werden. Gerade die wichtigen Transaktionskosten, die bei der Verwaltung des Fonds entstehen, werden ausgeklammert.

Aspekt	Filialbanken	Direktbanken
Bankprovision	hoch	gering oder pauschal
Depotgebühr	meistens	selten
Beratung	ausführlich	keine oder eingeschränkt
Zahl der Geldautomaten	viele	eventuell nur wenige
Kontakt	persönlich, telefonisch, per Fax oder Brief, online	Internet

GEHEIMNISSE

Fassen wir die Nobelpreisträger-Strategie noch einmal zusammen:

→ Die Nobelpreisträger-Strategie eignet sich vor allem für junge Menschen zu Beginn ihres Berufslebens.

→ Sie sollte mindestens über einen Zeitraum von 20 bis 30 Jahren durchgehalten werden. Lassen Sie sich nicht durch zwischenzeitliche Crashs oder Krisen verunsichern. Sie müssen 20 oder 30 Jahre dranbleiben.

→ Die durchschnittliche Rendite liegt zwischen 7 bis 11 Prozent jährlich (abhängig von den ausgewählten Regionen).

→ Es ist eine möglichst breite Streuung über viele Regionen der Welt erforderlich.

→ Als Basisinvestment eignet sich der MSCI World IMI Index, der neben den entwickelten Ländern auch die Schwellenmärkte umfasst.

→ Zusätzlich sollten Sie gezielt Akzente auf einzelne Regionen setzen wie beispielsweise Skandinavien, Europa, Nordamerika, Südostasien und Lateinamerika.

→ Als Anlageinstrument wählen Sie ETFs. Beachten Sie aber auf jeden Fall Folgendes: Akzeptieren Sie unter allen Umständen nur physisch replizierende ETFs (bei denen alle Wertpapiere im Korb enthalten sind) oder bestenfalls optimiert replizierende ETFs (mit einer repräsentativen Auswahl).

→ Suchen Sie sich Fondsgesellschaften heraus, die bei ETFs auf die Wertpapierleihe vollständig verzichten (leider gibt es nur sehr wenige). In einigen Fällen werden Sie bedauerlicherweise einen Kompromiss eingehen werden.

Die Nobelpreisträger-Strategie, wie ich sie genannt habe, wird von vielen renommierten Wirtschaftswissenschaftlern empfohlen. Sie beruht letztlich auf der Idee, dass die Märkte langfristig weltweit steigen. Natürlich gibt es Ausnahmen wie Japan; aber wenn Sie global aufgestellt sind, wird es immer Volkswirtschaften geben, die sich im Aufwärtstrend befinden. Mit dieser relativ simplen Strategie schlagen Sie jedes Sparbuch, jede

Lebensversicherung, jeden Riester-Vertrag und jeden Banksparplan. Allerdings muss ich zugeben: Die meisten Menschen scheitern dabei; denn ein starker Crash oder eine schwere Rezession führt oft dazu, dass die Mehrheit vorzeitig aussteigt und dann zu spät wieder in den Markt zurückkehrt. Durch dieses zögerliche Hin und Her entstehen erhebliche Verluste, die geringe Renditen nach sich ziehen. Das eigentliche Problem besteht darin, die großen Schwankungen zu verkraften. Wenn Sie nicht bereit sind, 20 oder 30 Jahre durchzuhalten und jeden Crash auszusitzen, ist die Nobelpreisträger-Strategie leider nicht für Sie geeignet.

TIPPS UND HINWEISE
Und noch ein Wort zum Schluss dieses Kapitels: Verzichten Sie auf die von den Banken angebotenen ETF-Sparpläne!

Diese haben so hohe Kosten, dass Sie niemals eine vernünftige Rendite erreichen. Es mag zwar verlockend klingen, monatlich 25, 50 oder 100 Euro regelmäßig in einen ETF-Sparplan einzuzahlen, aber haben Sie auch das Kleingedruckte sorgfältig gelesen? Bei fast allen Banken fallen hohe Gebühren an, die bei jeder Einzahlung fällig werden. Diese sind beträchtlich; ein Sparplan lohnt sich unter diesen Bedingungen nicht. Lesen Sie immer das Kleingedruckte! Sinnvoll ist ein Sparplan nur, wenn er völlig kostenfrei ist.

Wenn Sie nicht mit größeren Summen ETFs einmalig kaufen können, sollten Sie viertel- oder halbjährlich eine größere Summe ansparen und diese als Einmalbetrag in ETFs investieren.

 GEHEIMNIS:

WIE BANKEN IN MIKROSEKUNDEN HANDELN

Bevor ich Ihnen verrate, wie Sie Ihre Anlagestrategie noch erheblich verbessern können, berichte ich Ihnen, wie sich die Finanzmärkte in den vergangenen Jahren verändert haben. Inzwischen handeln Banken innerhalb von Nanosekunden mit Wertpapieren. Kleinste Unterschiede werden für Gewinne genutzt. Die Signale verbreiten sich zwar mit Lichtgeschwindigkeit, aber je kürzer die Leitung ist, desto schneller erreicht die Information oder der Auftrag den Börsencomputer. Und so verwundert es nicht, dass im Keller der Börsengebäude inzwischen Scharen von Hochleistungsrechnern stehen. Jeder Bruchteil einer Sekunde zählt.

Man schätzt, dass in Deutschland bereits 25 Prozent des Börsenhandels vollautomatisiert durch solche Hochleistungsrechner durchgeführt werden[97]; in den USA liegt der Anteil bei mindestens 66 Prozent[98], und am größten Markt der Welt, dem Devisenhandel (Forex), werden sogar 80 Prozent aller Transaktionen vollautomatisch von Computerprogrammen gesteuert. Menschen sind bei all diesen Vorgängen gar nicht involviert. Für die Hochfrequenzhändler gibt es spezielle Programme, die die Kurse alle 200 Millisekunden aktualisieren. Moderne Systeme können eine Börsenorder innerhalb von 1,1 Mikrosekunden platzieren – eine Mikrosekunde ist eine Millionstel Sekunde. Besonders leistungsfähige Rechner können die Entscheidung, ob ein Wertpapier gekauft oder verkauft werden soll, innerhalb von 0,4 Mikrosekunden treffen.[99]

In Europa werden beispielsweise Mikrowellensender verwendet, um Daten blitzschnell von Frankfurt nach London zu senden, da sie 40 Prozent schneller sind als kabelgebundene Kommunikationsverfahren. Obwohl es sich nur um winzige Zeitunterschiede handelt, die für einen Menschen nicht nachvollziehbar sind, verschaffen sich die Händler aufgrund dieser Geschwindigkeit einen Vorteil bei der Ausführung der Orders.

Die Hochfrequenzhändler nutzen diese Infrastruktur natürlich auch für sonderbare Aktionen: So gibt es Handelsteilnehmer, die 98 Prozent ihrer Orders vor der Ausführung wieder gelöscht haben. Durch diese selektive Auftragseingabe konnte ein Händler mindestens 1,4 Millionen Euro verdienen.[100]

Durch den Hochfrequenzhandel haben einige Akteure erheblichen Vorsprung und können durch den Einblick in das elektronische Orderbuch noch vor der Ausführung einer Order eines langsameren Marktteilnehmers eigene Aufträge erteilen.

Spitzenfachleute programmieren Algorithmen, die Millionen von Wertpapieren, Indizes und Devisen gleichzeitig analysieren, auswerten und entsprechende Orders aufgeben.

Auch bei Privatanlegern nimmt das automatisierte Handeln an den Börsen zu – wenn auch nicht mit der hohen Geschwindigkeit, die der Hochfrequenzhandel ermöglicht. Im Devisenhandel nennt man solche Programme „Expert Advisors". Der Mensch muss nur noch eine Taste drücken, und das Programm beginnt selbstständig, nach vorgegebenen Regeln Transaktionen auszuführen. Durch virtuelle Rechner, die von Hostern vorgehalten werden, ist es möglich, 24 Stunden, also rund um die Uhr, automatisch ein Börsenprogramm laufen zu lassen, ohne dass Sie zu Hause Ihren PC einschalten müssen. Ein solcher Handel ist allerdings nur im Devisenmarkt

möglich, der auf weltweit vernetzten Rechnern, dem sogenannten Interbankenmarkt, beruht. Der Devisenhandel
beginnt nach europäischer Zeit am Sonntagabend in Neu-
seeland und endet am Freitagabend in den USA. Anders als
Aktien-, Renten- oder Rohstoffmärkte, die im Vergleich zur
Forex nur Zwerge sind, findet der Devisenhandel in diesem
Zeitraum ununterbrochen statt – auch morgens um drei Uhr.

Experten, die solche lukrativen Programme erstellen können, werden weit überdurchschnittlich bezahlt. Leute, die
ein Studium der Wirtschaftswissenschaften absolviert haben, sind auf diesem Feld gar nicht mehr gefragt. Da Milliarden von Daten in Bruchteilen von Sekunden ausgewertet
werden müssen, sind für diese komplexen Aufgabenstellun-
gen Mathematiker, Physiker und Informatiker prädestiniert.

Buchhalter oder Betriebswirte, die sich in Geschäftsberichte vertiefen oder sich mit Controlling-Kennzahlen befassen, sind heute schon ein Relikt wie das Telegramm oder
die Postkutsche.

Gerüchten zufolge wurden auch schon Pokerspieler engagiert, um neue Strategien zu entwickeln.[101] Bei solchen
Börsenanalysen kommt es nicht auf die Umsatz- oder Divi-
dendenrendite eines Unternehmens an, sondern auf technische Indikatoren und Kursverläufe.

Ob es Programme gibt, die ständig Gewinne abwerfen,
ist umstritten. Die meisten dieser neuen Unternehmen im
Hochfrequenzhandel befinden sich in New Jersey und sind
sehr diskret. Hinter unscheinbaren Fassaden in Kleinstädten
werden riesige Gewinne erzielt. Es soll Firmen geben, die
mit solchen Algorithmen Milliarden verdient haben.

☞ GEHEIMNIS:

WARUM FINANZEXPERTEN ÜBER DIE WALL STREET SCHLENDERN

Natürlich sind hier nicht nächtliche Eskapaden gemeint und auch kein ausschweifender Umtrunk nach der Bonusauszahlung. Es gibt in der Finanzmarktforschung einen Ansatz, der sich Random-Walk-Theorie nennt. „Random walk" lässt sich je nach Vorliebe mit „zufälligem Umschlendern", „richtungslosem Umherlaufen", „Umherbummeln" oder auf ähnliche Weise übersetzen. Gemeint ist, dass die Kurse an den Börsen eigentlich völlig zufällig schwanken und durch die Börsenlandschaft geistern. Deshalb halten es Anhänger dieser Richtung für völlig sinnlos und reine Zeitverschwendung, den Verlauf von Aktienkursen vorhersagen zu wollen. Weder das Studium der Geschäftsberichte noch die ausgeklügelte technische Analyse können Börsenkurse vorhersagen.

Die meisten Fachleute, die für Banken und Versicherungen arbeiten, werden das vehement bestreiten; denn schließlich leben viele Experten von solchen Prognosen. Doch wenn man es nüchtern betrachtet, sind tatsächlich die meisten Prognosen das Papier nicht wert, auf dem sie stehen. Selbst hoch dekorierte Wirtschaftsforschungsinstitute und andere Experten haben mitunter keine höhere Treffsicherheit als das Orakel von Delphi.

Damals wusste man sich immerhin besser zu inszenieren. Die Pythia saß in einem prachtvollen Tempel auf einem Dreifuß über einem Spalt am Boden, aus dem

Dämpfe strömten. Nachdem die Dame ziemlich benebelt war, gab sie seltsame, zweideutige und verworrene Sprüche von sich, die die Historiker heute noch beschäftigen.

Unsere Experten präsentieren sich in Talkshows oder vor eindrucksvollen Bibliotheken oder in Bundespressekonferenzen: Aber die Ergebnisse unterscheiden sich keineswegs von denen in Delphi. Die Vorhersage des Wirtschaftswachstums liegt oft derart daneben, dass man genauso gut würfeln könnte.

TIPPS UND HINWEISE
Was können wir daraus lernen?
Eine Altersvorsorgestrategie, die darauf beruht, Kurse vorherzusagen, ist sinnlos.

Sie glauben gar nicht, was man alles versucht hat, um der Börse auf die Schliche zu kommen. Neben Hunderten von Indikatoren, die jeden Aktienchart in ein abstraktes Gemälde verwandeln, das problemlos mit Kandinsky wetteifern könnte, wurden Sonnenflecken und Mondphasen zu Rate gezogen. Selbst die Länge von Röcken musste für Vorhersagen herhalten – und damit ist nicht die Wettervorhersage gemeint. Manche Wirtschaftsforscher glauben, aus der Länge von Röcken die Inflation vorhersagen zu können. Kurze Röcke (wie Anfang der Zwanziger- oder Siebzigerjahre) deuten auf eine hohe Inflation hin, während lange Röcke, die beispielsweise die Knöchel bedecken (wie zur Zeit des Kaiserreichs), eine niedrige Inflation ankündigen.[102] Kein Phänomen ist exotisch genug, um nicht als Prognosemittel zu dienen. Und dann erst die Namen! Sie werden es nicht glauben: Es gibt sogar ein Hindenburg-Omen[103] (benannt nach der schweren Katastrophe, bei der ein Zeppelin beim Landeanflug in Lakehurst im Mai 1937 in Flammen aufging). Ebenso kurios ist das Rainbow-Trading, bei dem der Wechsel des Regenbogens im Chart Kaufsignale liefert. Einige Chartformationen sollen einen Alligator darstellen, bei dem beobachtet wird, ob er das Maul aufreißt (Gefahr!) oder nicht.

Noch skurriler ist das Fibonacci-Retracement. Darunter versteht man, dass ein Kurs auf ein bestimmtes Niveau zurückfallen kann. Das Kursniveau wird anhand von Fibonacci-Zahlen berechnet. Fibonacci (eigentlich: Leonardo da Pisa) war ein kurioser Mathematiker aus dem Mittelalter, der Zahlenfolgen entdeckte, die in der Natur vorkommen. Er hat beobachtet, dass die Blüte der Sonnenblume 34 und 55 Fibonacci-Spiralen enthält; selbst die Kammern einer Muschel und die Schuppen von Fichtenzapfen orientieren sich am Prinzip der Fibonacci-Folge. Bei so blumigen Aussichten sind Fibonacci-Zahlen natürlich die letzte Bastion prognosegläubiger Menschen. Wäre es nicht viel bequemer, einfach einen Blick in den Kaffeesatz zu werfen?

TIPPS UND HINWEISE
Wer seine Altersvorsorge auf solche Methoden stützt, darf sich nicht wundern, wenn er im Alter Flaschen aus Müllcontainern fischen oder zumindest nach der Konsultation der Hausastrologin Lotto spielen darf.

GEHEIMNISSE

☞ GEHEIMNIS:

NACH DER GEISTERSTUNDE BEGINNT DER REICHTUM: HALLOWEEN UND DIE SELL-IN-SUMMER-STRATEGIE

Ich habe Ihnen bereits angekündigt, dass es Möglichkeiten gibt, die Rendite der Nobelpreisträger-Strategie noch zu erhöhen. Wer also mit 7 bis 11 Prozent jährlich noch nicht zufrieden ist, sollte sich diesen Ansatz genauer ansehen.

Wenn wir schon bei wundersamen Dingen sind: Alles beginnt eigentlich mit Halloween. Erstaunlicherweise haben Forscher herausgefunden, dass die Börse fast immer nach Halloween steigt.[104] Wenn also die bösen Geister dank leuchtender Kürbisse und blinkender Totenkopfschädel vertrieben sind, beginnt die Sternstunde an der Börse.

Tatsächlich ist das Börsenjahr, was den Erfolg an der Börse anbelangt, völlig ungleich verteilt. Es gibt nämlich notorische Horrormonate, in denen große Verluste und Jahrhundertcrashs stattfinden, und Glücksmonate, in denen man mit relativ großer Sicherheit Gewinne erzielen kann. Wie alles an den Finanzmärkten ist diese Regel natürlich kein physikalisches Gesetz, das immer zutrifft. Aber mit einer gewissen Wahrscheinlichkeit verhält es sich so. Und das Erstaunliche ist: Aus diesem einfachen Zusammenhang lässt sich eine der besten Strategien zimmern.[105] Vergessen Sie also Bankberater, die irgendetwas von Solaraktien murmeln oder von renditeträchtigen

Investments in Südostasien, von Unternehmensbeteiligungen und vermieteten Eigentumswohnungen.

TIPPS UND HINWEISE
Sehr viel einfacher können Sie mit einer Strategie Erfolge feiern, die sich den Zyklus des Börsenjahres zunutze macht.

Wie sieht nun das Börsenjahr aus? Ein wahrer Schreckensmonat ist der September. Nicht nur der Anschlag vom 11. September 2001 fällt in diesen Zeitraum, auch zahlreiche Crashs und Kursrückgänge. Ähnliches gilt übrigens für den August. Wenn alle im Urlaub sind, ist die Börse für Korrekturen sehr viel anfälliger als sonst.

Seit 1988 verlor der DAX im Durchschnitt 2,6 Prozent im August und 2,4 Prozent im September.[106] Während nur in 46 Prozent aller Fälle Anleger im August oder September einen Gewinn verbuchen konnten, lag die Erfolgsquote im Dezember bei erstaunlichen 84,6 Prozent.[107]

Insgesamt betrachtet sind die Monate von Mai bis Oktober kritisch und häufig mit Verlusten verbunden. Daher hat das bekannte Börsensprichwort „Sell in May" durchaus seine Berechtigung.

Zu den allerbesten Börsenmonaten zählt übrigens der Dezember. Der Weihnachtsmonat bringt nicht nur große Geschenke vom Weihnachtsmann, sondern auch von der Börse. Früher sprach man in der Forschung vom Januar-Effekt, da in der ersten Januar-Woche herausragende Gewinne möglich waren.[108] Seit einigen Jahren hat sich der Termin verschoben. Nun ist die Weihnachtswoche eine der lukrativsten des Jahres. Man müsste also vom Weihnachtseffekt sprechen. In der Fachliteratur wird dieses Phänomen auch „Santa Claus Rally" genannt.[109] Von

GEHEIMNISSE

Ende Dezember bis Anfang Januar steigt der Dow-Jones-Index im Durchschnitt um 1,7 Prozent, während sonst in einem beliebigen Zeitabschnitt ähnlicher Länge der Leitindex der New Yorker Börse nur um 0,2 Prozent zulegen kann. Die Gewinne sind folglich mehr als acht Mal größer in der Weihnachtszeit. Diesen Zusammenhang gibt es bereits seit dem Bestehen des Dow-Jones-Index, der im Jahr 1896 erstmals veröffentlicht wurde. Natürlich waren auch Jahre darunter, in denen Verluste zu verzeichnen waren. Aber insgesamt war dieser Ansatz in 77 Prozent aller Jahre seit 1896 erfolgreich.

Die sogenannte Sell-in-summer-Strategie, die in dieser Variante auch als Sell-in-May-Strategie bezeichnet wird, funktioniert folgendermaßen: In den guten Börsenmonaten (von November bis Ende April) sind Sie an der Börse investiert. Anfang Mai verkaufen Sie alles und steigen erst wieder im November ein. Sie sehen: Die Methode ist ganz einfach.

Einige Studien kommen zwar zu dem Ergebnis, dass es im Prinzip auch möglich ist, die Positionen bis Anfang Juli zu halten und schon im Oktober wieder einzusteigen, aber die Resultate sind nicht ganz eindeutig.[110]

TIPPS UND HINWEISE
Wenn Sie auf Nummer sicher gehen wollen, sollten Sie nur von November bis April an der Börse präsent sein.

Und nun das Erstaunliche: Diese so einfach gestrickte Strategie brachte in 20 Jahren nur in drei Jahren für den deutschen Aktienmarkt einen Verlust. Im Durchschnitt wurde langfristig (wenn Sie eine Ausdauer von mindestens 10 bis 20 Jahren haben) eine jährliche Rendite von 14,2 Prozent erzielt.[111]

Es gibt kaum eine Anlagestrategie, die den Sell-in-summer-Ansatz toppen kann. Diese Methode ist einfach, zuverlässig und hat eine Rendite, die selbst führende Wall-Street-Experten nicht schlagen können. Das Einzige, was Sie hier wieder benötigen, ist Geduld und Ausdauer. Sie werden nicht jedes Jahr 14 Prozent erzielen, sondern in dem einen Jahr vielleicht nur 3 Prozent und dafür im nächsten 25 Prozent. Langfristig kommen sie auf eine durchschnittliche jährliche Rendite von 14 Prozent.

> **TIPPS UND HINWEISE**
> Sie sehen: Geld anlegen ist einfach. Lassen Sie sich bitte nicht von Fondsmanagern beeindrucken, die irgendetwas von technischer Analyse murmeln oder sich auf Bilanzkennzahlen oder auf ausgeklügelte neuronale Systeme berufen.

Wenn Sie 20 Jahre lang vierteljährlich 1.000 Euro anlegen, haben Sie am Ende ein Vermögen von 400.000 Euro. Sie können, wenn Sie das Vermögen weiterhin in der Sell-in-summer-Strategie anlegen, eine unbegrenzte Rente von monatlich 4.338 Euro (vor Steuern) beziehen, ohne das vorhandene Kapital anzutasten. Sie können das gesamte Vermögen an Ihre Kinder vererben, und Ihre Kinder kommen ebenfalls in den Genuss einer unbefristeten monatlichen Rente in Höhe von 4.338 Euro. Bei diesen Berechnungen wurden Gebühren und Steuern ausgeklammert; aber Sie erkennen, wie hoch die Rendite ist und wie gut Sie sich durch diesen Ansatz absichern können. Natürlich ist es riskant, ein so großes Vermögen im Alter weiterhin so anzulegen, aber da die Sell-in-summer-Strategie relativ risikoarm ist, dürfte es funktionieren.

GEHEIMNISSE

Noch einmal als Zusammenfassung:

→ Die Sell-in-summer-Strategie weist langfristig (10 bis 20 oder 30 Jahre) im Durchschnitt eine jährliche Rendite von über 14 Prozent auf.

→ Verlustjahre sind selten (in den vergangenen 20 Jahren gab es nur drei Verlustjahre mit einem Minus von 8, 11 und 19 Prozent).

→ Angelegt wird von Anfang November bis Ende April. In diesen guten Börsenmonaten können Sie ETFs kaufen, beispielsweise auf den DAX. Anfang Mai wird verkauft und das Geld beispielsweise auf einem sicheren Tagesgeldkonto geparkt.

→ Die Sell-in-summer-Strategie funktioniert nicht nur auf dem deutschen Aktienmarkt, sondern lässt sich auch auf viele andere Aktienmärkte (insbesondere die USA) anwenden.

→ Um eine jährliche Durchschnittsrendite von 14 Prozent zu erreichen, brauchen Sie allerdings auch hier Geduld. Sie sollten schon mindestens 10 bis 20 Jahre einplanen.

TIPPS UND HINWEISE
Die Sell-in-summer-Strategie überzeugt durch ihre Einfachheit und durch ihre erstaunliche Rendite. Sie werden mit kaum einer anderen Anlagestrategie auf so einfache Weise ein viel besseres Ergebnis erzielen.

☞ GEHEIMNIS:

DIE MAGISCHEN ZEHN MONATE: DIE 200-TAGE-LINIE

Eine bei etlichen professionellen Anlegern beliebte Strategie beruht auf der 200-Tage-Linie, die in der charttechnischen Analyse einen besonderen Platz einnimmt.

Bei der Anlagestrategie geht man folgendermaßen vor: Wenn der Kurs des Underlyings (also der Aktie, des Marktes, des Index, des Rohstoffs oder der Währung) unterhalb des gleitenden Durchschnitts von 200 Tagen notiert, wird der Wert verkauft. Schneidet die 200-Tage-Linie hingegen den Kurswert von unten nach oben, dann entsteht ein Kaufsignal.

Einige Experten ziehen zusätzlich die 100-Tage-Linie zurate. Wenn die 100-Tage-Linie über der 200-Tage-Linie notiert, deutet dies auf einen Aufwärtstrend hin. Wenn hingegen die 100-Tage-Linie unter das Niveau der 200-Tage-Linie fällt, kündigt sich eine Abwärtsbewegung an.

Insgesamt betrachtet reflektiert die 200-Tage-Linie einen langfristigen Trend; sie hat sich als zuverlässiger erwiesen als andere gleitende Durchschnitte wie die 100-Tage-Linie.[112]

Bei der Rendite gibt es unterschiedliche Auffassungen. Letztlich schneidet diese Strategie etwas schlechter ab als der Sell-in-summer-Ansatz. Eine jährliche Rendite von mindestens 12 Prozent ist langfristig (über einen Zeitraum von 10 bis 30 Jahren) jedoch erreichbar.

Für Anleger ist dieses Konzept schwieriger umzusetzen, da eine charttechnische Analyse herangezogen werden muss. Allerdings bieten fast alle Banken und auch

GEHEIMNISSE

Onlineportale Tools an, die eine umfassende Analyse ermöglichen. Sie können neben der 200-Tage-Linie ebenso andere gleitende Durchschnitte und Indikatoren in das Diagramm einzeichnen lassen. Einen Vorteil hat dieses Konzept aber gegenüber dem Sell-in-summer-Modell: Die 200-Tage-Linie zeigt gelegentlich über einen längeren Zeitraum von mehr als einem Jahr grünes Licht für Investments. Daher muss das Portfolio seltener umgeschichtet werden.

Die 200-Tage-Linie wird errechnet, indem man die vergangenen 200 Schlusskurse zusammenzählt und die Summe durch 200 dividiert. Die 200-Tages-Linie ist ein arithmetisches Mittel. Das Konzept ist als Indikator nicht immer zuverlässig. Nicht selten gibt es Fehlsignale, die zu Verlusten führen können.

Beispielsweise gab es seit 1999 eine Reihe von Fehlsignalen, die zu Verlusten bei Investments führten.[113] Dennoch ist die 200-Tage-Linie im Großen und Ganzen relativ zuverlässig. Allerdings wird in Seitwärtsmärkten sehr häufig ein Fehlsignal generiert. Daher ist es wichtig, diesen Indikator vor allem in Märkten einzusetzen, die einen klaren Aufwärts- oder Abwärtstrend aufweisen.

TIPPS UND HINWEISE
Diese Strategie eignet sich vor allem für Anleger, die sich durch ein besonders hohes Maß an Disziplin auszeichnen. Denn aufgrund der häufigen falschen Signale und Fehlausbrüche ist es notwendig, diesen Ansatz konsequent und langfristig durchzuhalten. Wem dies gelingt, kann auch mit diesem Konzept eine beachtliche Rendite für sich verbuchen.

Im Zeitraum von 1998 bis 2013 erzielte die Strategie mit der 200-Tage-Linie eine Rendite in Höhe von über 150 Prozent. In diesem Zeitraum waren allerdings nur acht von 24 Signalen erfolgreich. Ein Pluspunkt dieses Konzeptes ist aber, dass auch die Verlustbegrenzung effizient war. Denn die Einbußen beliefen sich im Maximum auf knapp 19 Prozent.[114]

In der Praxis können Sie diese Strategie folgendermaßen anwenden:

→ Zuerst sollten Sie einen spezifischen Markt auswählen, der eine breite Streuung aufweist. In Deutschland wählen Anleger vorwiegend den DAX; es kommen jedoch auch andere Märkte wie die USA, Nordamerika, Skandinavien, Europa und andere Regionen der Welt wie beispielsweise Südostasien infrage.

→ Ein Einstieg erfolgt, sobald der Index über der 200-Tage-Linie notiert. Dabei sollten Sie beachten, dass der Abstand mindestens drei Prozent beträgt. In diesem Fall können Sie einsteigen und erstmals ETFs für den jeweiligen Markt kaufen. Infrage kommen spezifische Länder-ETFs, die den jeweiligen Index abbilden, oder Regionen-ETFs, die die Wertentwicklung einer ganzen Region wie beispielsweise jene von Südostasien nachzeichnen. Sobald der Index unter die 200-Tage-Linie fällt, und dabei sollten Sie einen Mindestabstand von drei Prozent berücksichtigen, werden Ihre Wertpapiere veräußert.

→ Erst wenn wieder ein neues Kaufsignal auftritt, d.h. wenn der Index über der 200-Tage-Linie notiert, können Sie neue Investments tätigen. Sie sollten aber stets beachten, dass in Seitwärtsmärkten eine Vielzahl von Fehlsignalen entstehen kann, die sich negativ auf Ihre Rendite auswirken. Denken Sie daran, dass die 200-Tage-Linie ein nachlaufender Indikator ist. Das

GEHEIMNISSE

bedeutet: Die relevanten Signale werden erst verzögert erzeugt.

Insgesamt betrachtet verfügt dieser Ansatz über folgende Vorteile:

→ Erstens ist die Strategie verhältnismäßig leicht umzusetzen und gut verständlich. Sie benötigen für die praktische Anwendung nur wenig Zeit, da die Signale nicht allzu häufig auftreten.

→ Darüber hinaus haben Sie den Vorteil, dass Sie bei diesem Konzept eine Verlustbegrenzung haben, die Sie vor hohen Einbußen schützt. Mithilfe von ETFs können Sie diesen Ansatz leicht und zügig umsetzen. Da ETFs als Indexfonds einen gesamten Markt abbilden, ist es sehr einfach, zu investieren und Schwerpunkte zu bilden.

→ Darüber hinaus hat die 200-Tage-Linie den maßgeblichen Vorteil, dass sie ohne zusätzliche Prognosen funktioniert und ein starres Regelsystem darstellt, das Ihnen die Entscheidung, wann Sie investieren sollen, abnimmt. Im hypothetischen Backtesting hat sich dieser Ansatz als ein zuverlässiges System erwiesen.

TIPPS UND HINWEISE

Auch in den Jahren von 2003 bis 2008 hatten die Investoren großen Erfolg. Denn mit dem 200-Tage-Linien-Ansatz waren sie in den Märkten voll investiert.

Ein weiteres Plus dieses Konzepts ist es, dass auch in den schwierigen Phasen, die Ende 2000 und Anfang 2008 einsetzten, ein deutliches Warnsignal gegeben wurde. Die meisten Investoren konnten dadurch die drastischen Kurseinbrüche, die mit der Pleite von Lehman

Brothers verbunden waren, vermeiden und so ihre Gewinne retten.

Historisch betrachtet wird die 200-Tage-Linie als Indikator bereits seit etlichen Jahrzehnten eingesetzt. Schon nach Ende des Zweiten Weltkriegs wurde sie als Indikator von vielen professionellen Marktteilnehmern verwendet.

DIE 50-WOCHEN-LINIE ALS ALTERNATIVE

Ein Beispiel für eine Modifikation ist die 50-Wochen-Linie. Seit dem Jahr 2000 ergaben sich nach dieser Methode 26 Handelssignale. Davon waren allerdings nur zehn erfolgreich; 16 Signale erwiesen sich als Fehlsignale, die Verluste einbrachten. Seit dem Jahr 2000 konnte im Durchschnitt mit dieser Methode eine jährliche Rendite von 12 Prozent auf dem deutschen Aktienmarkt erzielt werden. Wer diese Strategie verfolgt, muss jedoch über ein hohes Maß an Frustrationstoleranz verfügen; denn die Mehrzahl der Signale stellt sich als Verlustbringer heraus.

TIPPS UND HINWEISE
Nur wer eisern und unbeugsam an dem Ansatz festhält, kann langfristig Gewinne erzielen.

Besonders deutlich wird dies, wenn man anstelle des DAX den EuroStoxx 50 als Index wählt, der die Wertentwicklung der Aktienmärkte in der Eurozone abbildet. Von 40 Handelssignalen, die es seit der Jahrtausendwende gab, führten lediglich zehn zum Erfolg. Bei 30 Signalen entstanden herbe Verluste. Wer dennoch tapfer durchhielt, kam nach 14 Jahren immerhin auf eine Wertsteigerung von rund 86 Prozent.[115]

☞ GEHEIMNIS:

DIE RAR-STRATEGIE

Diese seltsame Abkürzung steht für den Ausdruck „risikoadjustierten Return". Lassen Sie sich nicht von solchen Fachbegriffen abschrecken; gemeint ist Folgendes:

Es gibt Aktien, die hohe Wertsteigerungen erreichen, aber nur eine geringe Schwankungsbreite aufweisen.[116]

Das sind Papiere, die über ein hohes Kurspotenzial verfügen, aber nur selten fallen – und wenn, dann nur geringfügig. Mit solchen vorbildlichen Aktien können Sie nicht viel falsch machen. Das Einzige, was Sie benötigen, sind wiederum vor allem Geduld und Ausdauer.[117]

Zu diesen Spitzenwerten zählen beispielsweise das dänische Pharmaunternehmen Novo Nordisk, das als der weltgrößte Insulinhersteller gilt. Aber auch die Tabakindustrie schafft es mit „British American Tobacco" in diese Spitzenposition. Daneben gehören auch weniger bekannte Aktien wie Viscofan, Coloplast, Alexion Pharmaceuticals, Stericycle und Autozone dazu. In Deutschland sind der Optiker Fielmann und der für seine Dialysegeräte bekannte Fresenius Medical Care mit dabei.

Nehmen wir als Beispiel British American Tobacco. In zehn Jahren lag der maximale Verlust bei 27,7 Prozent. Auf den ersten Blick mag dies viel erscheinen; aber denken Sie daran, dass in den schweren Krisenjahren 2001 und 2008 die Aktienmärkte weitaus tiefer in den Keller stürzten.

Diese Spitzenaktien konnten die Einbußen meist schon nach wenigen Monaten wieder wettmachen, während der DAX lange Zeit auf einem niedrigen Niveau verharrte. British American Tobacco erreichte dafür im Durchschnitt ein jährliches Plus von 19,2 Prozent in den vergangenen Jahren.

Wer also vorübergehende Verluste von 30 bis 40 Prozent, die schon dramatisch sind, verkraften und aussitzen kann, wird mit diesen Spitzenaktien reichlich belohnt. Die Volatilität ist geringer als bei den meisten anderen Titeln; dafür aber erreichen diese Werte relativ hohe und kontinuierliche Renditen.

> **TIPPS UND HINWEISE**
> Wer konsequent die RAR-Strategie einsetzte, konnte sein eingesetztes Kapital innerhalb eines Jahrzehnts verzehnfachen.

Sie sollten allerdings beachten, dass die Kursschwankungen dennoch relativ hoch sind und dass Sie aufgrund der Konzentration auf wenige Einzelaktien ein drastisch höheres Risiko eingehen. Zudem müssen Sie laufend analysieren, ob die Aktien noch den Kriterien der RAR-Strategie entsprechen. Insofern ist dieser Ansatz sehr viel aufwändiger und erfordert ein fundiertes Fachwissen und die Bereitschaft, sich kontinuierlich zu informieren. Im Vergleich zur Sell-in-summer-Strategie erscheint mir dieser Ansatz trotz seiner höheren Rendite doch sehr risikoreich.

GEHEIMNISSE

☞ GEHEIMNIS:

WIE DIE US-NOTENBANK SIE REICH MACHT

Ein besonderes Kuriosum ist eine Strategie, die von der US-Notenbank veröffentlicht wurde. In der New Yorker Filiale der amerikanischen Zentralbank entdeckten die beiden Mitarbeiter, David O. Lucca und Emanuel Moench, in einer empirischen Studie, dass Anleger eine hohe Rendite erzielen konnten, wenn sie an bestimmten Tagen in den amerikanischen Aktienmarkt investierten. Diese bahnbrechenden Erkenntnisse wurden unter dem Titel „The Pre-FOMC Announcement Drift" veröffentlicht.[118]

Diese Zeitpunkte waren 24 Stunden vor der Bekanntgabe der neuesten Entscheidungen der Federal Reserve. Das Beschlussgremium der US-Notenbank, abgekürzt FOMC (Offenmarktausschuss) genannt, trifft sich ungefähr acht Mal im Jahr und befindet dann über Zinserhöhungen und -senkungen sowie andere geldpolitische Maßnahmen.

> **TIPPS UND HINWEISE**
> Wer einen Tag vor einer Notenbankentscheidung in den US-Aktienmarkt investierte, konnte in der überwiegenden Zahl der Fälle mit einem deutlichen Kursanstieg rechnen.

80 Prozent aller Kursgewinne des amerikanischen Index S&P 500 entstanden in den 24 Stunden vor der

Bekanntgabe der Geldpolitik durch das Gremium der Federal Reserve.[119]

Zwar gab es etliche Ausnahmen, und diese Regel ist nicht in Marmor gemeißelt, aber in der Mehrheit der Beschlussfassungen der US-Notenbank stieg die Börse. Wer also Geduld und Disziplin hat, kann allein mit dieser Strategie eine ansehnliche Rendite verbuchen.

Man sollte allerdings nicht nach dem ersten Fehlschlag die Geduld verlieren. Wenn die Federal Reserve Maßnahmen in Kraft setzt, die die internationalen Finanzmärkte bremsen und für Pessimismus sorgen, dann kann auch ein Kursverlust eintreten. In den meisten Fällen jedoch sorgt die Federal Reserve für Champagnerlaune an den Märkten und die Kurse steigen.

Wie bei jeder Anlagestrategie ist hier der Investor im Vorteil, der sich nicht vorschnell entmutigen lässt und sich langfristig orientiert.

Einer der Gründe, weshalb gerade unmittelbar vor der Notenbanksitzung der US-Aktienmarkt steigt, ist, dass die Federal Reserve eine Woche vor der anberaumten Tagung keine Pressemitteilungen mehr herausgibt. Durch diese Nachrichtensperre steigt das Interesse; und in den meisten Fällen erwarten die Investoren positive Signale von der Notenbank. Diese Strategie funktioniert nicht selten auch dann, wenn die geldpolitischen Entscheidungen die Aktienmärkte eher belasten. Da bei dieser Strategie schon einen Tag vorher gekauft wird, profitiert der Anleger von den jeweiligen Gerüchten und Erwartungen, die an die Federal Reserve gerichtet werden.

Das Geniale an diesem Konzept ist Folgendes: Während andere Anleger 365 Tage lang ihr Geld der Bank anvertrauen und dafür Zinsen von weniger als einem Prozent erhalten oder in Aktien investieren und das ganze Jahr über eine Achterbahnfahrt bei den Kursbewegungen erleben, reicht es bei dieser Strategie, an genau acht

GEHEIMNISSE

Tagen im Jahr investiert zu sein. Sie müssen nicht 12 Monate zittern oder auf Ihre spärlichen Zinsen warten. Es reicht, wenn Sie an diesen acht Tagen investiert sind.[120]

> **TIPPS UND HINWEISE**
> Keine andere Strategie erzeugt auf eine so einfache und verblüffende Weise eine hohe Rendite.

In der Regel steigen die Kurse um ungefähr ein Prozent an jedem dieser Tage. An den restlichen Tagen des Jahres können Sie getrost Ihr Geld auf einem sicheren Tagesgeldkonto parken. Allerdings sollten Sie bedenken, dass nicht jeder dieser Schlüsseltage zum Erfolg führt. Sie benötigen schon einen langen Atem und müssen diese Strategie mehrere Jahre praktizieren, um Erfolg zu haben.

Konkret erfordert dieser Ansatz Folgendes:
→ Die Sitzungstage des Gremiums (FOMC) werden von der Federal Reserve rechtzeitig bekannt gegeben.
→ Einen Tag vorher investiert man in den amerikanischen Aktienmarkt. Am besten eignet sich hierfür der breit gestreute S&P 500 Index, der 500 US-Aktien umfasst. Der bekanntere Dow-Jones-Index der New Yorker Börse hingegen erstreckt sich nur auf 30 Titel und ist damit weniger sinnvoll.
→ Folglich erwirbt man einen Tag vor der Sitzung des Notenbankgremiums einen ETF, der sich auf den S&P 500 bezieht. Wenn die Federal Reserve mit der Pressekonferenz beginnt (meist am frühen Nachmittag, was in Deutschland meist um 20 Uhr ist), wird der ETF wieder abgestoßen.

In der Vergangenheit konnte in der Mehrzahl der Fälle ein Plus von einem Prozent erzielt werden. In 15 Jahren kamen die Anleger auf eine Wertsteigerung von über 250 Prozent.

Allerdings sollten Sie beachten, dass dies nicht immer der Fall sein muss. Wenn die Notenbank sich entschließt, die Zügel anzuziehen und die Zinsen zu erhöhen, kann diese restriktive Maßnahme die Aktienmärkte auch in Unruhe versetzen und für Kursverluste sorgen. Langfristig aber können Anleger mit dieser Strategie durchaus Erfolge erzielen. Allerdings haben die Autoren der Studie diese Strategie lediglich für wenige Jahrzehnte überprüft; ob sie langfristig Bestand hat und ob sie auch in einer Periode ständig steigender Leitzinsen Gültigkeit besitzt, wäre noch zu beweisen.

Wer hätte je gedacht, dass Ihnen die US-Zentralbank auf so einfache Weise zu einer gesicherten Altersvorsorge verhilft und diese Strategie auch noch offiziell durch ihre Mitarbeiter veröffentlicht?

GEHEIMNISSE

☞ GEHEIMNIS:

DIE BEST-OF-30-STRATEGIE

Diese Strategie wurde von der Redaktion des Magazins „Focus" entwickelt.[121]

Von 2006 bis Ende 2014 konnte mit diesem Ansatz bei einem DAX-Investment eine Rendite von 261 Prozent erreicht werden, während der deutsche Leitindex im selben Zeitraum lediglich einen Zuwachs von 55 Prozent vorzuweisen vermochte.

Die Methode ist bestechend einfach und leicht umzusetzen:

→ Man hält im Portfolio immer nur eine Aktie.
→ Ausgewählt wird diejenige Aktie, die am Ende des Monats die größte Wertsteigerung erzielt hat.
→ Dieses Papier wird zu Beginn des neuen Monats gekauft.
→ Im laufenden Monat wird verfolgt, welche Aktie am meisten zulegen kann. Diese löst dann mit dem neuen Monat die alte ab.
→ In den meisten Fällen führt die ausgewählte Aktie aber weiterhin den ersten Platz an, sodass sie über längere Zeit im Depot verbleiben kann.

Die Trefferquote liegt allerdings bei nur 55 Prozent und ist damit sehr knapp nur über dem Zufall angesiedelt. Maximal wurde bei einzelnen Investments ein Plus von fast 71 Prozent erreicht, und ein maximaler Verlust von rund 25 Prozent war zu verzeichnen. Diese Strategie hat durchaus ihren eigenen Charme. Allerdings sollten Sie bedenken, dass die Trefferquote mit 55 Prozent nicht zufriedenstellend ist, auch wenn höhere Gewinne dies ausgleichen.

Ein im beobachteten Zeitraum festzustellendes maximales Verlustrisiko von 25 Prozent bei einer einzelnen Aktie ist auch nicht zu unterschätzen. Wer diese Schwankungen und Risiken verkraften kann, wird mit dieser Strategie möglicherweise eine ansehnliche Rendite verbuchen können.

> **TIPPS UND HINWEISE**
> Aber dennoch ist das Risiko enorm, da nur eine einzige Aktie ausgewählt wird. Es findet keinerlei Streuung statt.

Im Vergleich zu anderen Strategien ist daher diese Methode nicht empfehlenswert und eignet sich nicht für die Altersvorsorge. Außerdem wurde diese Strategie bislang nicht für längere Zeiträume, beispielsweise mehrere Jahrzehnte, getestet.

GEHEIMNISSE

☞ GEHEIMNIS:

EIN PHYSIKER ENTDECKT DIE ZAUBERFORMEL

Eine der bemerkenswertesten Strategien wurde von einem Physiker entwickelt. Wie bereits erwähnt, sind oft Experten aus anderen Fachgebieten innovativer als die eher routinierten Wirtschaftswissenschaftler. Der Mann heißt Thomas Gebert und hat bereits in den Neunzigerjahren systematisch nach einer Strategie gesucht, die langfristig die Aktienmärkte schlagen kann.[122] Und er fand einen Ansatz, der selbst Fachleute in großes Erstaunen versetzt.[123]

Mit seinem Konzept ließen sich in den vergangenen Jahrzehnten 14 bis 18 Prozent Rendite jährlich erzielen. In den vergangenen 20 Jahren führte diese Strategie nur in einem einzigen Jahr zu einem Verlust. Neben solchen erstaunlichen Erfolgen verblassen die Hochglanzbroschüren der Investmentfonds und die vermeintlich lukrativen Tagesgeldangebote der Banken. Diese Strategie ist bisher nur für den deutschen Aktienmarkt und speziell den DAX erprobt.[124]

Sie beruht auf vier maßgeblichen Schlüsselkriterien:
→ die Senkung des Leitzinses durch die EZB,
→ die Verringerung der Inflationsrate (als Basis dient der HCPI, der harmonisierte Verbraucherpreisindex der Eurozone),
→ der Anstieg des US-Dollars gegenüber dem Euro,
→ der Zeitraum von November bis April (saisonaler Aspekt).

Verglichen werden immer die aktuellen Daten und die Vorjahreswerte. Ein starkes Kaufsignal entsteht, wenn alle vier oder zumindest drei Kriterien erfüllt sind.[125] Eine neutrale Marktsituation besteht, wenn zwei der Punkte gegeben sind. Ein deutliches Verkaufssignal liegt vor, wenn nur ein Kriterium oder gar keines erfüllt wird. Seit 1996 konnte der deutsche Leitindex um 344 Prozent zulegen; wer jedoch die Gebert-Strategie nutzte, kam auf eine Wertsteigerung von 2.347 Prozent. Das ist fast das Siebenfache!

Geld anlegen kann eigentlich sehr einfach sein. Wie Sie sehen, ist es wichtig, dass man die Strategien kennt, die Finanzexperten nutzen. Mit der Gebert-Strategie haben Sie einen Ansatz, der relativ sicher und renditestark ist.

Seit dem Jahr 2000 führte die Gebert-Methode nur im Jahr 2003 zu einem Verlust von rund 7 Prozent. In allen anderen Jahren schnitt dieser Ansatz stets im Plus ab. Seit 1998 kam die Gebert-Strategie auf eine jährliche Rendite von 14,2 Prozent. Wenn man noch längere Zeiträume mit einbezieht, ist der Gewinn noch höher. Wer 1962 bereits über diese Methode in den deutschen Aktienmarkt investiert hätte, hätte das eingesetzte Kapital um den Faktor 545 vergrößern können. Aus 1.000 Euro, wären bis heute 545.000 Euro geworden. Der fiktiv zurückgerechnete DAX (den Leitindex gibt es nämlich erst seit 1988) hätte sich von 1962 bis heute „nur" verdreizehnfacht. Die Gebert-Strategie ist damit rund 42 Mal besser als ein reines Halten eines DAX-Investments, wie es der in einem der vorigen Kapitel vorgestellten Nobelpreisträger-Strategie entspricht.

GEHEIMNISSE

FAZIT

Für die Altersvorsorge eignen sich v.a. die Gebert-Strategie und der Sell-in-summer-Ansatz, wobei die Gebert-Strategie noch risikoärmer ist. Zusätzlich hat sich die Strategie der 200-Tage-Linie bewährt; sie ist aber aufgrund der vielen Fehlsignale weniger empfehlenswert.

IV. WIE SIE OHNE GELDSORGEN LEBEN

Eines Ihrer größten Lebensziele sollte darin bestehen, im Alter ohne Geldsorgen leben zu können. Um dieses ambitionierte Ziel erreichen zu können, müssen Sie langfristig planen und vor allem Geduld haben. Je später Sie anfangen, desto schwieriger wird es. Allerdings haben Sie bei umsichtiger Planung auch im hohen Alter noch eine realistische Chance, Versäumtes aufzuholen. In den folgenden Kapiteln werden nun Strategien und Konzepte für die einzelnen Lebensphasen vorgeschlagen.

 RATSCHLAG:

GELDANLEGEN ALS BERUFSANFÄNGER (20 BIS 30 JAHRE)

Als Berufsanfänger verfügen Sie über noch wenig Geld. Vielleicht haben Sie gerade Ihre Berufsausbildung oder Ihr Studium abgeschlossen und starten durch. In diesem Jahrzehnt haben Sie die besten Möglichkeiten, den Grundstein für Ihr zukünftiges Vermögen und Ihre Altersvorsorge zu legen. Da Sie noch Jahrzehnte lang arbeiten werden, sind Ihre Chancen sehr gut, so vorzusorgen, dass Sie im Alter rundum abgesichert sind. Deshalb können Sie erheblich größere Risiken eingehen; denn Verluste lassen sich in den folgenden Jahrzehnten wieder ausgleichen.

Verzichten Sie auf teure und unrentable private Rentenversicherungen und Riester-Verträge; es sei denn, Sie haben genau nachgerechnet und erzielen eine einigermaßen akzeptable Rendite. In den meisten Fällen werden sich Riester-Verträge aber trotz umfassender staatlicher Förderung nicht lohnen. Auch den Bausparvertrag können Sie getrost vergessen. Es sei denn, Sie planen den Erwerb einer Immobilie in einer Hochzinsphase. Zurzeit haben wir aber die niedrigsten Zinsen, die es je in der Wirtschaftsgeschichte gab. Daher ist ein Bausparvertrag eher ein wenig sinnvolles Investment.

> **FAZIT**
> Was Sie benötigen, ist eine Anlage, die hohe Renditen abwirft und sich langfristig auszahlt.

Zwar wäre es denkbar, die Nobelpreisträger-Strategie einzusetzen und breit gestreut in die wichtigsten Märkte zu investieren, aber besser ist es, wenn Sie auf die besten verfügbaren Konzepte setzen.

Als einfach umzusetzender Ansatz bietet sich in diesem Zusammenhang die Sell-in-summer-Strategie an. Mit einer langfristig durchschnittlichen Rendite von 14 Prozent sind Sie damit Ihren Altersgenossen weit voraus.

OHNE SORGEN

Wie gehen Sie vor?

→ Suchen Sie sich ein paar wichtige Regionen der Weltwirtschaft heraus. Dies können beispielsweise Nordamerika, Europa, Südostasien und Lateinamerika sein. Sie können auch Schwerpunkte setzen und Deutschland stärker gewichten oder einen Akzent auf die skandinavischen Länder setzen. Darüber hinaus ist es möglich, die wichtigsten Länder der Welt in einem Paket zu erwerben.

→ Dann kaufen Sie immer Anfang November entsprechend Ihrer Gewichtung und Ihrer gewählten Aufteilung ETFs auf die jeweiligen Regionen beziehungsweise Länder. Achten Sie sorgfältig darauf, dass es sich um physisch replizierende Indexfonds handelt, die alle Wertpapiere im Portfolio halten. Bevorzugen Sie – wenn möglich – Anbieter, die auf die Wertpapierleihe vollständig verzichten.

→ Ende April verkaufen Sie die ETFs und parken das frei gewordene Kapital auf einem Tagesgeldkonto. Prüfen Sie in diesem Fall sorgfältig und gewissenhaft die Bonität der Bank. Banken mit einem schlechten Bonitätsrating oder Institute außerhalb Deutschlands sind nicht geeignet.

→ Anfang November schließt sich der Kreis, und Sie beginnen wieder mit dem Investment in ETFs. Achten Sie auf jeden Fall auf die Kosten, die die Bank Ihnen berechnet, und senken Sie diese so weit wie möglich.

Wenn Sie diese Strategie langfristig konsequent durchhalten, winkt Ihnen im Durchschnitt eine Rendite von 14 Prozent. Sie müssen aber mindestens einen Zeitraum von 15 Jahren einplanen.

Innerhalb von zwei Jahrzehnten kann es nach den bisherigen Erfahrungswerten zu drei oder vier Verlustjahren kommen. Lassen Sie sich folglich nicht entmutigen, wenn einzelne Jahre deutlich schlechter abschneiden oder mit Einbußen enden. Disziplin und Durchhaltevermögen sind hier die maßgeblichen Erfolgsfaktoren. Wenn Sie sich schnell verunsichern lassen und Ihren Plan ständig verändern, werden Sie in der Geldanlage nie erfolgreich sein.

Eine andere Möglichkeit, die sicherer ist und noch höhere Renditen mit sich bringt, ist die Gebert-Strategie. Auf der Webseite von Thomas Gebert können Sie nachlesen, in welcher Phase sich die Börse aktuell befindet.[126]

TIPPS UND HINWEISE
Immer dann, wenn drei oder – noch besser – vier der Gebert-Kriterien erfüllt sind, investieren Sie in einen DAX-ETF.

Sobald die Börsenampel auf Gelb umschaltet (also nur zwei Kriterien erfüllt sind), halten Sie die bestehenden Investments, tätigen aber keine Neukäufe mehr. Wenn die Ampel auf Rot umschaltet und nur noch ein Kriterium gegeben ist, sollten Sie umgehend Ihre Wertpapiere veräußern. Wie bereits erwähnt, ist dieser Ansatz bislang nur für den deutschen Aktienmarkt getestet, daher schränkt sich die Auswahl auf DAX-ETFs ein.

Falls Sie langfristig (also 15 bis 30 Jahre) durchhalten, können Sie sich über eine jährliche Rendite von bis zu 18 Prozent freuen; in der Regel tendiert die Rendite jedoch eher zu einem Wert von 14 bis 15 Prozent. Insgesamt tritt bei der Gebert-Strategie nach den vorliegenden Statistiken in zwei Jahrzehnten nur ein Verlustjahr auf. Jedoch können einzelne Jahre auch mit spärlicheren Gewinnen aufwarten, die dann durch bessere Phasen wieder aus-

OHNE SORGEN

geglichen werden. Nach 20 Jahren dürften Sie im Durchschnitt auf 14 bis 18 Prozent kommen.

Natürlich ist dies kein ehernes und unveränderliches Naturgesetz; und unvorhergesehene Katastrophen (wie ein Krieg, eine Weltwirtschaftskrise, ein Zusammenbruch des Finanzsystems) können selbstverständlich enorme Auswirkungen hervorrufen. Aber seien Sie ehrlich: Im Leben ist nichts hundertprozentig sicher. Mit solchen Risiken müssen Sie leben. Schon wenn Sie in Ihr Auto steigen oder die Straße überqueren, kann Ihnen Ungemach drohen. Eine absolute Sicherheit gibt es leider nicht.

TIPPS UND HINWEISE
Machen Sie auf keinen Fall den Fehler, für diese beiden erwähnten Strategien einen teuren Sparplan zu wählen.

Auch wenn Sparpläne bequem sind und Ihnen helfen, die nötige Spardisziplin aufrechtzuerhalten, sie sind für Ihre Vermögens- und Altersvorsorgeplanung ungeeignet; denn es gibt kaum eine Bank, die nicht für Sparpläne beträchtliche Gebühren verlangt. Deshalb ein wichtiger Hinweis: Lesen Sie immer das Kleingedruckte. Lassen Sie sich nicht von Hochglanzbroschüren blenden.

Wenn Sie keine größere Einmalsumme für das Investment aufbringen können, sparen Sie das Geld auf einem Tagesgeldkonto an:
→ Lassen Sie Monat für Monat automatisch von Ihrem Girokonto einen festen Betrag dorthin überweisen.
→ Wenn Sie eine größere Summe angesammelt haben, erwerben Sie Anfang November (entweder nach der Gebert- oder der Sell-in-summer-Strategie) ETFs.

TIPPS UND HINWEISE

Achten Sie auch hier genau auf die Gebühren. Banken, die Ihnen für einen einzigen Auftrag 30 Euro abknöpfen, sind nicht sinnvoll. Vergleichen Sie sorgfältig und gewissenhaft die Konditionen der verschiedenen Institute.

WAS SIE SONST NOCH BEI IHRER VERMÖGENS-PLANUNG BEACHTEN SOLLTEN

Achten Sie als Berufsanfänger darauf, dass Sie angemessen versichert sind. Eine Privathaftpflichtversicherung ist ein absolutes Muss; denn schon ein kleines Missgeschick kann Ihr Leben vollständig ruinieren, wenn jemand zu Schaden kommt. Sehr gute Privathaftpflichtversicherungen umfassen eine sogenannte Forderungsausfalldeckung. Das bedeutet: Wenn Ihnen jemand einen Schaden zufügt und der Betreffende nicht versichert ist, springt Ihre eigene Haftpflichtversicherung ein.

Viele alte Policen und unzulängliche neue Haftpflichtversicherungen umfassen keine solche Klausel. Für Sie ist aber eine solche Regelung von großem Vorteil. Recherchieren Sie daher auch in diesem Fall sorgfältig. Eine solche Versicherung ist nicht teuer; sie kostet bei günstigen Anbietern unter 50 Euro im Jahr.

Die Privathaftpflichtversicherung ist eine der bedeutendsten. Sie sollten auf keinen Fall darauf verzichten, eine Haftpflichtversicherung abzuschließen. Denn wenn sie einem anderen einen schweren Schaden zufügen, haften Sie in vollem Umfang. Ein Fehlen einer Haftpflichtversicherung kann Sie schnell ruinieren. Daher sollten Sie sich ausreichend absichern.

OHNE SORGEN

Die Privathaftpflichtversicherung deckt grundsätzlich Schäden ab, die der Versicherungsnehmer bei einem anderen verursacht. In der Regel sind die Ehepartner bzw. die eingetragenen Lebenspartner und die unverheirateten Kinder mitversichert. Auch in einer eheähnlichen Lebensgemeinschaft ist es möglich, den Partner ohne Probleme unentgeltlich mitzuversichern. Hierfür ist es allerdings erforderlich, den Namen des Lebenspartners im Antrag ausdrücklich anzugeben. Unter gewissen Umständen kann die Haftpflichtversicherung auch dafür sorgen, dass unberechtigte Schadensersatzansprüche abgewehrt werden. Insofern hat die Privathaftpflichtversicherung zugleich die Funktion einer Rechtsschutzversicherung.

TIPPS UND HINWEISE
In der Regel sollten Sie mindestens eine Deckungssumme von fünf Millionen wählen.

Um die Kosten abzusenken, ist es möglich, im Vertrag eine Selbstbeteiligung zu vereinbaren.

Neben der klassischen Privathaftpflichtversicherung gibt es auch spezielle Haftpflichtversicherungen, die für Sie unter Umständen infrage kommen. Beispielsweise können Sie, wenn Sie im öffentlichen Dienst arbeiten, eine Diensthaftpflichtversicherung abschließen, die einspringt, wenn Sie Schäden im Zusammenhang mit Ihrer Arbeit verursachen. Eine weitere interessante Haftpflichtversicherung ist die Tierhalterhaftpflichtversicherung, die für Schäden von Hunden und Pferden haftet. Tiere wie Katzen oder Kleintiere sind jedoch bei der herkömmlichen Privathaftpflichtversicherung mit eingeschlossen.

Ob eine Unfallversicherung sinnvoll ist, gilt als umstritten. Wenngleich nicht wenige Versicherungsvermittler den Kunden einzureden versuchen, dass die Unfallversicherung eine große Bedeutung habe, ist dies in der Praxis nicht der Fall. Die häufigsten Fälle, die zur Berufsunfähigkeit führen, sind jene, bei denen ein Mitarbeiter oder eine Mitarbeiterin durch eine chronische Erkrankung nicht mehr den Beruf ausüben kann.

> **TIPPS UND HINWEISE**
> Das Risiko, berufsunfähig zu werden, ist relativ groß und wird häufig von Laien unterschätzt.

Den Statistiken zufolge scheiden 28 Prozent aller berufsunfähigen Personen aufgrund einer psychischen Erkrankung aus dem Arbeitsleben.[127] Häufige Ursache sind auch chronische Krankheiten – mit 29 Prozent stehen Erkrankungen des Bewegungsapparates wie Rheuma und Arthrose an der Spitze. Unfälle hingegen spielen eher eine untergeordnete Rolle. Eine Unfallversicherung ist vor allem dann sinnvoll, wenn Sie häufig im Haus oder im Garten arbeiten oder wenn Sie aufgrund von Vorerkrankungen keine Berufsunfähigkeitsversicherung erhalten.

Bei der Berufsunfähigkeitsversicherung haben Sie die Möglichkeit, eine angemessene Rente zu erhalten, wenn Sie Ihren Beruf nicht länger ausüben können. Wenn Sie eine Berufsunfähigkeitsversicherung beantragen, sollten Sie alle Fragen zur Gesundheit stets wahrheitsgemäß beantworten. Wenn Sie falsche oder ungenaue Angaben machen, kann die Versicherung den Vertrag anfechten und ist dann von der Leistung freigestellt. Das Risiko, versehentlich falsche Angaben zu machen, ist relativ groß. Es reicht bereits aus, wenn Sie sich an eine Krankheit, die Sie vor geraumer Zeit hatten, nicht erinnern

OHNE SORGEN

können oder sie vergessen haben. In den ärztlichen Unterlagen sind all diese Erkrankungen systematisch dokumentiert. Durch eine zusätzliche Klausel geben Sie alle Unterlagen, die bei den Ärzten, den Fachärzten und den Krankenkassen vorliegen, zur Einsichtnahme für die Versicherung frei. Sollte sich im Nachhinein herausstellen, dass Sie eine Krankheit verschwiegen oder vergessen haben, wird die Versicherung nicht leisten. Das Risiko ist daher sehr groß, und Sie sollten den Antrag sehr sorgfältig und gewissenhaft ausfüllen. Experten raten sogar, den Fragebogen mit einem auf Versicherungsrecht spezialisierten Anwalt auszufüllen. Eine einzige (versehentlich) falsch beantwortete Frage kann Sie den Versicherungsschutz kosten.

Auf folgende Kriterien sollten Sie vor allem achten:
→ Besonders wichtig ist es, dass die Versicherungsgesellschaft auf die sogenannte abstrakte Verweisung verzichtet. Darunter versteht man, dass die Versicherung im Leistungsfall auf einen anderen Beruf verweisen kann, der hinsichtlich der Ausbildung, des Gehalts oder der Berufserfahrung vergleichbar ist. Für Sie ist es von großem Vorteil, wenn die Versicherungsgesellschaft auf die abstrakte Verweisung verzichtet. Dann kann sie Ihnen nur nahe legen, in Ihrem bisherigen Beruf wieder tätig zu werden.
→ Vorteilhafte Verträge beinhalten auch eine sogenannte Sechs-Monats-Prognose. Wenn der Arzt diagnostiziert, dass Ihre Berufsunfähigkeit voraussichtlich mehr als sechs Monate anhalten wird, sollte der Versicherer automatisch Ihre Berufsunfähigkeit anerkennen.
→ Eine weitere entscheidende Klausel ist, dass die Berufsfähigkeit von Anfang an anerkannt wird. Dies bedeutet, dass bei einer Berufsunfähigkeit, die sechs Monate lang andauert, die Rente rückwirkend vom

ersten Monat an bezahlt wird. Auch wenn Sie die Berufsunfähigkeit verspätet dem Versicherer melden, sollte dieser rückwirkend leisten. Der Zeitrahmen kann sich auf bis zu drei Jahren erstrecken.

→ Darüber hinaus ist es wichtig, dass Ihre Berufsunfähigkeitsversicherung einen weltweiten Geltungsbereich hat und daher auch im Ausland zur Anwendung kommt.

→ Sie sollten zudem die Möglichkeit haben, Ihren Versicherungsschutz zu erhöhen oder zu verlängern, ohne eine erneute Gesundheitsprüfung durchlaufen zu müssen.

→ Ein weiterer wichtiger Aspekt ist die sogenannte Dynamik. Bei diesem Verfahren steigt die Höhe der Versicherungssumme automatisch mit der Inflation.

→ Darüber hinaus sollten Sie darauf achten, dass die Versicherungsgesellschaft darauf verzichtet, den Vertrag zu kündigen oder zu ändern, wenn Sie die Fragen schuldlos nicht korrekt beantwortet haben.

→ Ein weiterer wichtiger Gesichtspunkt ist, dass, wenn Sie gerade nicht erwerbstätig sind, derjenige Beruf als Maßstab genommen wird, den Sie vor einem Ausscheiden aus dem Berufsleben ausgeübt haben. Dies ist besonders relevant, wenn Sie sich in der Elternzeit befinden.

Eine Unfallversicherung kann zusätzlich nützlich sein, wenn Sie aus gesundheitlichen Gründen keine oder nur eine unzulängliche Berufsunfähigkeitsversicherung erhalten und Ihre Arbeitskraft zumindest für den Fall eines Unfalls absichern möchten. Die Unfallversicherung haftet lediglich bei Unfällen. Unfälle sind Ereignisse, die plötzlich und unerwartet auf Sie einwirken.

Die Unfallversicherung ist im Vergleich zur Berufsunfähigkeitsversicherung wesentlich günstiger, aber ihr Versi-

OHNE SORGEN

cherungsschutz erstreckt sich eben nur auf Unfälle und keine krankheitsbedingten Einschränkungen.

RATSCHLAG:

GELDANLEGEN IN DER MITTE DES LEBENS (30 BIS 50 JAHRE)

In der Mitte des Lebens erfolgt unter anderem der berufliche Aufstieg, die Konsolidierung der Finanzen, die Bildung einer Partnerschaft und die Gründung der Familie sowie häufig eine Baufinanzierung. In dieser Phase sollten die Bemühungen um den Aufbau eines Vermögens stetig fortgesetzt und intensiviert werden.

Da man in diesem Lebensalter noch nicht auf das vorhandene Kapital angewiesen ist, besteht die Möglichkeit, größere Risiken an den Finanzmärkten einzugehen. Daher kann der Aktienanteil (über ETFs) beibehalten oder sogar noch ausgeweitet werden.

Bei der Anschaffung eines Eigenheims sollte bedacht werden, dass in diesem Alter häufige Beförderungen und Ortswechsel die Regel sind. Daher kann bei der schnellen Veräußerung einer eigengenutzten Immobilie ein nicht unerheblicher Wertverlust eintreten. Aus diesem Grund sollten Sie abschätzen, ob Sie voraussichtlich häufiger den Arbeitsplatz wechseln werden und ob eine Immobilie für Sie unter diesen Umständen infrage kommt. Wenn Sie in einer größeren Metropole mit einem breiten Angebot an Arbeitsplätzen und Karrierechancen wohnen, dürfte die Entscheidung für ein eigenes Haus oder eine Eigentumswohnung leichter fallen.

Generell abzuraten ist von einer Immobilie als Kapitalanlage. Dabei wird zu viel des eigenen Vermögens in eine einzige Assetklasse investiert. Immobilien sind ins-

OHNE SORGEN

gesamt betrachtet eher ein Investment mit einer niedrigen Rendite.

Zwar wurden beispielsweise in den USA viele Millionäre durch Immobilien reich. Aber diese Glücklichen verdanken ihren Wohlstand nicht in erster Linie einem Immobilieninvestment, das über Jahrzehnte gehalten wurde, sondern einem florierenden Immobilienhandel, dem sogenannten „Real Estate Flipping", bei dem Häuser und Wohnungen schon nach wenigen Monaten wieder gewinnbringend veräußert werden.

Nach dem Platzen der Immobilienblase in den verheerenden Krisenjahren 2007 und 2008 ist aber auch dort die Euphorie abgeflaut.

Die in Deutschland grassierende Vorliebe für Immobilien beruht eher auf einer mangelnden Kenntnis der tatsächlich erreichbaren Rendite.

Wichtiger ist es, dass Sie Ihren Vermögensaufbauplan konsequent und zielstrebig umsetzen. Infrage kommen hier der Gebert-Ansatz und die Sell-in-summer-Strategie.

 RATSCHLAG:

GELDANLEGEN IM HERBST DES LEBENS (50 BIS 67 JAHRE)

Im Herbst Ihres Lebens bereiten Sie sich bereits konkret auf den Ruhestand vor; vielleicht durchlaufen Sie eine Midlife Crisis und planen grundsätzliche Änderungen an Ihrem Lebenskonzept. Unabhängig davon, wie Ihre zukünftigen Pläne und Projekte aussehen, ist es wichtig, dass Sie nun eine Weichenstellung vornehmen.

Einige ziehen es vor, besonders sichere Geldanlagen zu wählen. Zwar sind auch Aktien und ETFs sichere Investments, wenn man sie langfristig hält. Aber viele sind in diesem Alter nicht mehr bereit, ständig beträchtliche Kursschwankungen in Kauf zu nehmen und ziehen Anlageformen vor, die vor allem regelmäßige Zinsen abwerfen.

Aufgrund der historischen Niedrigzinsphase, in der wir uns gegenwärtig befinden, ist es äußerst schwierig, Anlagen zu finden, die einen akzeptablen Zins aufweisen und zugleich sicher sind.

Am Rentenmarkt gilt der Grundsatz, dass höhere Zinsen mit höheren Risiken verbunden sind, noch sehr viel zwingender und eindeutiger als am Aktienmarkt. Schon geringfügige Erhöhungen der Rendite ziehen erheblich höhere Risiken nach sich. Je höher die Zinsen sind, desto größer ist bei Anleihen die Gefahr eines Totalverlusts. Daher ist die Vorliebe etlicher Anleger für verzinsliche Investments mehr als fragwürdig. Wenn Sie auf Anleihen ausweichen möchten, sollten Sie stets für eine breite Streuung sorgen und Renten-ETFs bevorzugen. Bei der Auswahl von

OHNE SORGEN

einzelnen Schuldverschreibungen gehen Sie ein enormes Risiko ein; dies gilt insbesondere, wenn Sie Anleihen von insolvenzgefährdeten Staaten aussuchen oder von Unternehmen, die am Rande des Bankrotts stehen. Ebenso bedenklich sind Sofortrenten. Viele Pensionäre und Rentner möchten es einfach und bequem haben und gehen daher auf das vermeintlich verlockende Angebot einer Versicherungsgesellschaft ein, die mit diesem Produkt eine lebenslange Rente zusichert.

Eine sogenannte Sofortrente, die von vielen Versicherungsgesellschaften angeboten wird, ist aber kaum geeignet, um Sie im Alter wirksam abzusichern.

Diese wird zwar im Prinzip lebenslang ausgezahlt. Sie sollten aber bedenken, dass die Assekuranzen sehr hohe Gebühren und Provisionen in Rechnung stellen und ungünstige Sterbetabellen zugrunde legen, die zu einer geringen Rente führen. Nur wer ein sehr hohes Lebensalter erreicht, kommt auf eine einigermaßen akzeptable Rendite, die aber dennoch unterhalb des Sparbuchniveaus liegt. Wenn Sie sterben, behält die Versicherungsgesellschaft das restliche Kapital. Eine solche Sofortrente ist daher so gut wie keine brauchbare Lösung.

Sie können wesentlich besser für Ihr Alter vorsorgen, wenn Sie selbst einen Auszahlungsplan erstellen. Das ist keineswegs schwierig und kann von jedem umgesetzt werden.

Als Erstes müssen Sie sich entscheiden, ob Sie eine feste oder eine „ewige" Rente haben möchten. Der Begriff „ewige Rente" mag etwas mystisch klingen, wird aber in der Finanzmathematik so verwendet. Darunter versteht man einen Auszahlungsplan, bei dem Sie nur eine Rente erhalten, die sich aus den Erträgen speist. Das bedeutet: Ihr eingesetztes Vermögen bleibt unangetastet und verringert sich nicht. Nach Ihrem Tod können Sie Ihr gesamtes Kapital an Ihre Erben weitergeben, und diese profitieren darüber hinaus von den regelmäßigen Rentenausschüttungen. Im Vergleich dazu erscheinen die gesetzliche Rentenversicherung oder eine Sofortrente nachteilig. Das Geld, das Sie dort einbezahlt haben, ist nach Ihrem Tod nicht mehr verfügbar (bei der gesetzlichen Rente gibt es allerdings eine Witwen- bzw. Witwerrente und unter Umständen eine Waisenrente).

Fällt die ewige Rente für Sie zu niedrig aus, können Sie eine bestimmte Summe festlegen, die Sie monatlich benötigen. Dabei wird allerdings Ihr Vermögen allmählich aufgezehrt. Sie müssen sich also von vornherein Gedanken machen, wie lange Sie voraussichtlich von Ihrer Rente leben möchten. Setzen Sie diesen Zeitraum nie zu niedrig an; denn aufgrund des medizinischen und technologischen Fortschritts sowie der verbesserten Lebensbedingungen steigt die Lebenserwartung deutlich. Es wäre schade, wenn Ihr Kapital im Alter von 80 Jahren erschöpft wäre, Sie aber 95 Jahre alt würden und dann auf die Hilfe des Staats angewiesen wären. Es wäre sicherlich kein Vergnügen, wenn Sie sich in einem Seniorenheim mit einem spärlichen Taschengeld von 100 Euro für Ihre persönlichen Ausgaben begnügen müssten. Planen Sie daher umsichtig und vorausschauend. Denken Sie daran: Sie möchten Ihren Lebensabend genießen und nicht mit permanenten Geldsorgen verbringen.

Eine weitsichtige Planung hat zudem den Vorteil, dass Sie Ihren Kindern, Enkeln, Angehörigen und allen Menschen, die Ihnen wichtig sind und etwas bedeuten, eine größere Geldsumme hinterlassen können.

Spötter sagen vielleicht dieses „die rich" (reich sterben) sei unsinnig, da Ihre Kinder auf diese Weise nie lernen, sich selbst im Leben zu behaupten und ihr eigenes Geld zu verdienen. Und auch Milliardäre haben schon einen Großteil ihres Vermögens an wohltätige Stiftungen vermacht, anstatt ihren Kindern ein völlig sorgenfreies Leben

OHNE SORGEN

zu ermöglichen. Aber seien wir ehrlich: Warum sollten wir den Menschen, die wir lieben, nicht doch ein Vermögen zukommen lassen? Verantwortungsvolle Eltern und Großeltern werden ein solches Vorhaben gewiss gutheißen, und durch eine verantwortungsvolle Erziehung werden Sie Ihre Kinder so gut auf diese Situation vorbereiten, dass sie nicht den Rest ihres Lebens auf einer tropischen Insel bei Tequila und auf Partys verbringen werden.

DER AUSZAHLUNGSPLAN

Um Ihnen ein konkretes Beispiel für einen Auszahlungsplan zu geben, rechnen wir im Folgenden verschiedene anschauliche Varianten durch.

Gehen wir von folgenden Voraussetzungen aus: Sie haben über mehrere Jahrzehnte fleißig gespart und mit Hilfe verschiedener Ansätze (Sell-in-summer-Strategie, Gebert-Strategie und andere) ein Gesamtvermögen von 300.000 Euro angehäuft. Wenn Sie sehr sorgfältig waren, werden Sie möglicherweise noch viel größere Summen erreicht haben. Ich nehme hier 300.000 Euro, um niemanden zu entmutigen. Es könnte nämlich auch sein, dass Sie erst im vorgerückten Alter mit Ihrer Altersvorsorge begonnen haben.

Sie können nun wählen: Möchten Sie eine ewige Rente (und das gesamte Vermögen einschließlich der Rente den Menschen vererben, die Ihnen wichtig sind)? Oder sind Sie von vornherein auf eine bestimmte monatliche Summe angewiesen (womit Ihr Vermögen allmählich aufgebraucht wird)?

Ein zweiter Parameter ist, welche Rendite Sie weiterhin erzielen wollen. Wenn Sie ein vorsichtiger Zeitgenosse sind, werden Sie möglicherweise die gesamten Ersparnisse nicht mehr in ETFs am Aktienmarkt anlegen wollen. Stattdessen bevorzugen Sie verzinsliche Anlagen. Aufgrund der aktuellen Niedrigzinsphase ist es aber fast so gut wie unmöglich, Kapital auch nur mit drei Prozent Zinsen absolut sicher anzulegen. Da Sie aber wahrscheinlich erst im Jahr 2020 oder 2030 oder noch später in den Ruhestand gehen, dürften drei Prozent zu diesem späteren Zeitpunkt realistisch sein. Auch jetzt ließe sich eine solche Verzinsung erzielen, aber es ist nicht einfach, und Sie müssten sich deutlich höheren Risiken aussetzen. Vielleicht gehören Sie aber auch zu den wagemutigeren Anlegern und sind bereit, selbst im höheren Alter weiterhin am Aktienmarkt aktiv zu sein. Ein solcher Ansatz, der Ihnen langfristig 14 Prozent bescheren wird, ist jedoch nur ratsam, wenn Sie größere Schwankungen problemlos verkraften können. Wenn Sie auf jeden Cent angewiesen sind, könnte die verzinsliche Variante sinnvoller und empfehlenswerter sein, zumal Sie dann auch einen ruhigeren Schlaf finden werden.

Nun sehen Sie hier das Ergebnis:

Vermögen 300.000 €	Ewige Rente	Fester monatlicher Betrag von 2.000 €
Verzinslich: 3%	738 € monatlich	2.000 € monatlich
Strategie: 14%	3.253 € monatlich	2.000 € monatlich
Dauer	unbegrenzt	3%: 15 Jahre 7 Monate 14%: unbegrenzt

Sie erkennen: Wenn Sie ein Vermögen von 300.000 Euro zugrunde legen und Ihr Geld in der Rentenphase mit drei Prozent verzinslich anlegen, reicht Ihr Kapital bei einer monatlichen Entnahme von 2.000 Euro für 15 Jahre und 7 Monate. Das ist, falls Sie sich mit 67 Jahren zur Ruhe setzen, leider nicht ausreichend. Denn im Alter von 82 Jahren wären Ihre Rücklagen aufgezehrt.

OHNE SORGEN

Anders verhält es sich, wenn Sie mutiger agieren und das Geld weiterhin in einer Strategie anlegen (beispielsweise der Sell-in-summer-Strategie). Wie Sie dem Rechenbeispiel entnehmen können, dürfen Sie sich dann über eine monatliche Rente von 3.253 Euro freuen und können diese zusammen mit dem Vermögen von 300.000 Euro nach Ihrem Tod vererben. Allerdings ist natürlich nie völlig auszuschließen, dass es eines Tages zu einem Jahrhundertcrash an den Aktienmärkten oder einer Währungsreform kommt. Mit solchen Risiken müssten Sie leben können. Eine absolute Sicherheit gibt es nicht.

Wie Sie sehen, ist Altersvorsorge eigentlich einfach. Nur die Bequemlichkeit und das mangelnde Interesse hindern unzählige Menschen daran, angemessen für ihr Alter vorzusorgen.

Rechnen wir unser Beispiel nun einmal mit einer halben Million durch:

Vermögen 500.000 €	Ewige Rente	Fester monatlicher Betrag von 2000 €
Verzinslich: 3%	1.230 € monatlich	2.000 € monatlich
Strategie: 14%	5.422 € monatlich	2.000 € monatlich
Dauer	unbegrenzt	3%: 32 Jahre 3 Monate 14%: unbegrenzt

Bei einem Ausgangsvermögen von einer halben Million Euro sind die Voraussetzungen natürlich wesentlich besser. Auch wenn Sie Ihr Kapital nur mit drei Prozent verzinslich anlegen, können Sie immerhin 32 Jahre und 3 Monate lang monatlich 2.000 Euro entnehmen, ehe Ihr Vermögen vollständig aufgebraucht ist. Wenn Sie Ihr Angespartes unangetastet lassen wollen, reicht es für eine monatliche Rente von 1.230 Euro.

Wenn Sie hingegen Ihr Vermögen weiterhin am Aktienmarkt investieren, können Sie eine ewige Rente von monatlich 5.422 Euro beziehen.

Bei all diesen Musterberechnungen sollten Sie aber zwei Aspekte unbedingt berücksichtigen: Die Steuern wurden hier noch nicht mit einbezogen (Steuern müssen Sie allerdings auch auf Ihre gesetzliche Rente und die betrieblichen Pensionen entrichten – dasselbe gilt für Sozialversicherungsbeiträge).

Ein weiterer entscheidender Faktor, der allerdings auch für Ihre sonstigen Renten gilt, ist die Inflation. Im Jahr 2040 werden Sie mit monatlichen Einnahmen von 1.230 Euro noch nicht einmal Ihre Miete bezahlen können.

Je früher Sie systematisch mit Ihrer Altersvorsorge beginnen, desto besser und vorteilhafter ist es.

Kommen wir noch zu einer anderen wichtigen Frage: Wie lange benötigen Sie, um eine halbe Million Euro anzusparen?

Zielsumme 500.000 €	Ansparzeit	
	35 Jahre	15 Jahre
3% Rendite	678 € monatliche Sparrate	2.205 € monatliche Sparrate
14% Rendite	56 € monatliche Sparrate	883 € monatliche Sparrate

Diese Tabelle zeigt Ihnen, dass eine halbe Million Euro durchaus machbar und realistisch ist. Wenn Sie 35 Jahre Zeit haben, genügt eine bescheidene monatliche Sparrate von 56 Euro, vorausgesetzt Sie wenden eine Strategie an, die eine Rendite von 14 Prozent jährlich erzielt. Wenn Sie Ihr Geld aber nur verzinslich mit drei Prozent anle-

OHNE SORGEN

gen, benötigen Sie jeden Monat 678 Euro, um Ihr Ziel nach 35 Jahren zu erreichen.

Falls Sie Ihr Geld in private Rentenversicherungen, Riester-Renten oder Kapitallebensversicherungen investiert haben, dürfte Ihnen eine sehr lange Durststrecke bevorstehen, zumal diese Anlagen noch nicht einmal drei Prozent jährliche Rendite erreichen.

Anders sieht es aus, wenn Sie am Aktienmarkt über eine der Strategien investieren. 56 Euro im Monat sind nun wirklich keine große Einschränkung. Verzichten Sie auf Ihren morgendlichen „Coffee to go" oder die knusprigen Croissants vom Bäcker, und Sie haben das Ziel so gut wie erreicht.

Selbst wenn Sie sich bislang keine Gedanken über Ihre Altersvorsorge gemacht haben, können Sie, wenn Ihnen noch 15 Jahre bis zum Ruhestand verbleiben, mit einer monatlichen Sparrate von 883 Euro die halbe Million Euro schaffen. Ist das zu hoch bemessen, versuchen Sie, sich als Ziel 200.000 oder 300.000 Euro zu setzen. Auch damit werden Sie, wenn Sie eine vernünftige monatliche Entnahme im Rentenalter planen, über die Runden kommen. Sie müssen nur eines tun: Handeln. Warten Sie nicht ab, bis Sie in die Altersarmut abgleiten.

Das Wichtigste für den Erfolg einer solchen Strategie ist Disziplin. Brechen Sie Ihren Sparplan auf keinen Fall ab. Halten Sie durch, und seien Sie konsequent.

 RATSCHLAG:

GELDANLEGEN FÜR KINDER UND ENKEL

Wenn Sie für Ihre Kinder oder Enkel sparen möchten, sollten Sie frühzeitig anfangen. Da auch hier ein langer Zeitraum gegeben ist, können Sie mit einer gezielten, breit gestreuten ETF-Anlage vieles erreichen. Als Eltern sollten Sie zusätzlich mit einer Risikolebensversicherung für Ihre Kinder und Angehörigen vorsorgen. Eine Risikolebensversicherung sollte ungefähr das Drei- bis Fünffache Ihres Jahreseinkommens abdecken. Der Vorteil ist außerdem: Diese Versicherungen sind nicht teuer und gestatten eine umfassende Vorsorge für den Todesfall.

> **TIPPS UND HINWEISE**
> Generell abzuraten ist von sogenannten Ausbildungsversicherungen; diese sind meist mit hohen Gebühren und Provisionen verbunden und erzielen nur eine kümmerliche Rendite.

Wenn Sie bereits im 1. Lebensjahr Ihres Kindes regelmäßig einen Teil des Kindergeldes weltweit gestreut in Aktienmärkte investieren (auch mit Hilfe einer Strategie), werden Sie nach 20 Jahren Ihrem Kind ein Studium an einer Eliteuniversität finanzieren können. Für den Fall, dass Sie vorzeitig sterben, ehe Ihr Kind auf eigenen Beinen steht, sollten Sie eine Risikolebensversicherung wählen. Dies ist nicht nur sehr viel günstiger als eine Ausbildungsversicherung, sondern bietet eine bessere und höhere Absicherung.

OHNE SORGEN

 RATSCHLAG:

GELDANLEGEN FÜR DIE WECHSELFÄLLE DES LEBENS (SCHEIDUNG, UNFALL, KRANKHEIT)

Niemand ist gegen schwere Schicksalsschläge gefeit. Ein Autounfall, eine chronische Krankheit, Arbeitslosigkeit oder eine Scheidung können Ihren gesamten Finanzplan zunichtemachen.

Schon manchen hat eine Scheidung aus der Bahn geworfen und in den Ruin getrieben. Das gemeinsame Haus muss in kürzester Zeit verkauft werden; Rentenansprüche werden neu aufgeteilt; und für die Kinder wird Unterhalt fällig.

Auch eine Krankheit oder eine Behinderung infolge eines Unfalls können zu dramatischen Änderungen führen. Wer seinen Beruf nicht mehr ausüben kann, ist früher oder später auf die Hilfe des Staates angewiesen. Zwar kann eine Berufsunfähigkeitsversicherung die schlimmsten Folgen mildern, aber in der Praxis erleben die Versicherten bisweilen eine böse Überraschung. Die Assekuranzen fordern oft mehrfach Gutachten von verschiedenen Fachärzten; juristische Querelen können sich über drei Instanzen ziehen und mehr als ein Jahrzehnt dauern. Schon bei der Ausfüllung des Antrags können Ihnen gravierende Fehler unterlaufen.

Denken Sie daran, dass eine Berufsunfähigkeitsrente oft viele Jahrzehnte gezahlt werden muss, bis Sie Ihre gesetzliche Rente beziehen. Die Versicherungsgesellschaften werden daher besonders streng und umfassend prüfen. Wer an Schmerzen leidet, jeden zweiten Tag den Arzt aufsuchen muss und völlig traumatisiert ist, hat vermutlich nicht die Kraft, einen nervenzehrenden Rechtsstreit durchzustehen – ganz zu schweigen von den horrenden Kosten, die ohne Rechtsschutzversicherung ein Vermögen verschlingen. Eine Berufsunfähigkeitsversicherung nützt Ihnen nur, wenn Sie das Glück haben, bei einer Versicherungsgesellschaft Kunde zu sein, die unbürokratisch hilft. Auch Insider können oft nicht sagen, welche Assekuranz das ist; denn wie zügig und unproblematisch ein Schadensfall reguliert wird, hängt nicht nur von der Versicherungsgesellschaft selbst, sondern oft auch von der jeweiligen Niederlassung, der Abteilung und dem Sachbearbeiter ab.

TIPPS UND HINWEISE

Wenn Sie über einen Versicherungsmakler einen Antrag stellen, sollte dieser Probeantrag über das System anonym erfolgen. Wird nämlich Ihr Antrag mit Ihren Daten aufgrund von Vorerkrankungen oder anderen Faktoren abgelehnt, wird dies im Informationssystem der Versicherungswirtschaft gespeichert.

Ihre Chance, bei einer anderen Versicherungsgesellschaft eine Police zu bekommen, sinkt dann drastisch. Das gilt auch, wenn Sie selbst einen Antrag stellen, denn dann entfällt die Möglichkeit einer anonymen Antragstellung: Vergewissern Sie sich, dass Sie eine realistische Chance haben, eine Berufsunfähigkeitsversicherung zu erhalten. Jede Ablehnung verschlechtert Ihre Erfolgschance. Denken Sie auch daran, dass Sie sich eines Tages vielleicht scheiden lassen. In Deutschland werden immer mehr Ehen

OHNE SORGEN

geschieden. Überlegen Sie sich rechtzeitig, ob Sie Ihren Güterstand ändern möchten. Unter Umständen ist eine Gütertrennung sinnvoll. Eine Scheidung kann Sie nämlich schneller ruinieren, als Sie glauben.

Sparen Sie deshalb rechtzeitig und setzen Sie Strategien (wie die Sell-in-summer-Strategie oder das Gebert-Konzept) ein, um eine möglichst hohe Rendite zu erzielen. Schon mit 50 Euro im Monat können Sie langfristig ein beachtliches Vermögen aufbauen und sind so unabhängig von der Hilfe des Staates.

 RATSCHLAG:

GELDANLEGEN FÜR DEN KATASTROPHENFALL

Sie kennen sicher einige Verschwörungstheoretiker aus den Medien. Nicht selten werden dort die skurrilsten Prognosen abgegeben. Selbst ernannte Propheten sagen das Ende des Euro, den Zusammenbruch der Weltwirtschaft, den Kollaps des Weltfinanzsystems, einen Weltkrieg und das allgemeine Chaos voraus.

Zwar kann niemand ausschließen, dass ein solches apokalyptisches Szenario eines Tages eintritt, aber die meisten Krisen hat die Menschheit bisher glücklicherweise überstanden.

Es kann aber nicht schaden, sich Gedanken über solche Katastrophenfälle zu machen. Sie sollten jedoch nicht in blinden Aktionismus oder einen lähmenden Fatalismus münden. Wer sich einen Bunker baut und dort Lebensmittel für zwei Jahre hortet, hat vermutlich eher Angst vor den alltäglichen Herausforderungen.

Gibt es einen wirksamen Schutz vor einer schweren Weltwirtschaftskrise? Vor einem Zusammenbruch des Finanzsystems? Die sophistische Antwort muss lauten: ja und nein.

Stellen Sie sich vor: Sie wären zu Beginn des Ersten Weltkriegs 30 Jahre alt gewesen. Welche Anlageform hätte wohl zwei Weltkriege, die Hyperinflation von 1923, ein totalitäres Regime und die schwere Weltwirtschaftskrise von 1929 sowie mehrere Währungsreformen überstanden?

Die Antwort ist schwierig; denn die meisten Anlageformen können gegen eine solche Häufung von Katastrophen nicht bestehen.

OHNE SORGEN

IMMOBILIEN

Nehmen wir als erstes Beispiel die in Deutschland so beliebten Immobilien. Ihr Haus hätte gewiss den Ersten Weltkrieg und die galoppierende Inflation von 1923 überstanden. Danach hätten Sie aber Pech gehabt. Denn unmittelbar nach der horrenden Geldentwertung wurden spezielle Abgaben für Hauseigentümer in der Weimarer Republik eingeführt. Noch schlimmer wäre es Ihnen im Zweiten Weltkrieg ergangen: Vielleicht wäre von Ihrem Haus nur ein Trümmerhaufen übrig geblieben. Nach 1945 wurde dann in Westdeutschland eine sogenannte Hypothekengewinnabgabe eingeführt, die dem Lastenausgleich diente. Der Staat ließ eine fiktive Hypothek auf alle Immobilien eintragen, die dann jahrelang abgezahlt werden musste.

GOLD

Wie steht es mit Gold? Auch Gold ist nicht unbedingt eine krisensichere Anlage. Sie hätten mit dem gelben Edelmetall zwar den Ersten Weltkrieg, die Hyperinflation, die Weltwirtschaftskrise und mehrere Währungsreformen problemlos überstanden. Aber in einigen Ländern wurde in den Dreißigerjahren ein Goldverbot eingeführt. In Deutschland stand auf Goldbesitz die Todesstrafe (selbst Goldmünzen aus dem Kaiserreich wurden eingezogen) und in den USA mehrere Jahre Gefängnis. In den Vereinigten Staaten durften Schließfächer nur noch in Gegenwart eines Beamten geöffnet werden.[128] Der Goldpreis wurde über Jahrzehnte künstlich niedrig gehalten. Im Rahmen des sogenannten Bretton-Woods-Abkommens, in dem der US-Dollar als Ankerwährung fungierte, wurde der Goldpreis per Dekret auf 35 US-Dollar je Feinunze begrenzt. Erst in den Siebzigerjahren, als die Koppelung aufgehoben wurde, stieg der Goldpreis auf über 800 US-Dollar im Jahr 1980. Doch schon in den Jahren danach fiel er wieder.

Um sich mit Gold abzusichern, müssten Sie Ihre Münzen schon im Garten oder im Keller vergraben. Auch die Vorstellung, Sie könnten bei einer Katastrophe mit Gold einkaufen gehen, ist eher etwas realitätsfern.

Wir können folgendes Fazit ziehen: Gold hätte zwar alle Katastrophen des 20. Jahrhunderts problemlos überstanden; aber dennoch könnten Sie mit Gold im Krisenfall weder etwas einkaufen (eine Goldmünze hat einen zu hohen Wert und Tauschgeschäfte spielen eine größere Rolle), noch wissen Sie, ob der Goldbesitz noch erlaubt ist.[129]

AKTIEN

Wie sicher sind Aktien? Auch Aktien sind im Katastrophenfall nicht der Weisheit letzter Schluss. Zwar hätten viele Aktien den Ersten Weltkrieg und die Hyperinflation relativ gut überstanden. Aber es gibt kaum Unternehmen, deren Aktien nach hundert Jahren noch an der Börse notieren. Entweder sie werden irgendwann insolvent, oder sie gehen durch eine Fusion mit einem anderen Unternehmen unter oder werden schlicht von der Börse genommen (Experten nennen das Delisting). Von den 30 Unternehmen, die im 19. Jahrhundert im Dow-Jones-Index enthalten waren, gibt es heute nur noch ein einziges, nämlich General Electric. Die damals so begehrten Eisenbahngesellschaften sind heute nur noch eine nostalgische Erinnerung. Eine der wenigen deutschen Aktiengesellschaften, die allen Widrigkeiten des 20. Jahrhunderts trotzen konnte, ist Siemens. In der Schweiz kann der Lebensmittelkonzern Nestle sogar auf über 150 Jahre Börsengeschichte zurückblicken. Doch diese Unternehmen sind eine äußerst seltene Ausnahme.

OHNE SORGEN

Die meisten Unternehmen verschwinden schon nach ein paar Jahren vom Kurszettel. Und selbst wenn es Ihnen gelingt, ein solch beständiges Unternehmen zu finden, werden Ihnen die enormen Kursschwankungen im Lauf der Jahrzehnte zusetzen.

US-Aktien erreichten beispielsweise erst Ende der Fünfzigerjahre das Kursniveau, das sie vor der Weltwirtschaftskrise von 1929 hatten. Anleger mussten also rund 30 Jahre warten, ehe ihre Aktien wieder den Einstandskurs erreicht hatten.

Aber es mag paradox klingen: Trotzdem hätte sich ein Investment in den Dow Jones gelohnt. Im Schnitt kam man in hundert Jahren auf eine durchschnittliche Rendite von über acht Prozent. Sie dürfen aber ein Investment in einen Index nicht mit einer Anlage in einzelne Aktien verwechseln.

Wenn Sie in einen Index (also in einen Markt) investieren, ändert sich die Zusammensetzung fortlaufend und wird aktualisiert. Anders sieht es aus, wenn Sie einfach ein paar Aktien herauspicken: Die hippe Aktie einer Radiogesellschaft aus den Zwanzigerjahren ist vermutlich schon drei Jahre später ein Insolvenzfall.

Im zwanzigsten Jahrhundert gab es noch nicht die Möglichkeit, Indexfonds zu nutzen. Die ersten Vorformen kamen erst nach 1990 auf, wenngleich die Idee schon in den Siebzigerjahren entwickelt wurde. Aktiv gemanagte Investmentfonds waren schon in den Zwanzigerjahren in den USA bereits weit verbreitet. Aufgrund unseriöser Managementpraktiken verloren aber viele Anleger im Zuge der Weltwirtschaftskrise ihr gesamtes Geld. Durchsetzen konnten sich die Investmentfonds erst nach dem Zweiten Weltkrieg, wobei es in Deutschland in den Fünfzigerjahren nur eine Handvoll gab, die kaum Beachtung fanden.

GELDFORDERUNGEN

Am unsichersten und am schlimmsten waren Anleihen, Sparbücher und ähnliche Geldforderungen. Wer im 20. Jahrhundert sein Geld in Lebensversicherungen, Staatsanleihen oder Sparbücher investierte, war mit Sicherheit ruiniert. Schon der Erste Weltkrieg forderte seinen Tribut. Wer damals die überall propagierten Kriegsanleihen zeichnete, konnte sich 1923 selbst für Tausende von Mark, für die man vor Kriegsbeginn ein Haus erstehen konnte, nicht einmal mehr eine Streichholzschachtel kaufen.

Als 1948 die Währungsreform kam, wurden Guthaben auf Sparbüchern 10 zu 1 in D-Mark umgetauscht. Ähnliches gilt für Lebensversicherungen.

ANDERE WERTANLAGEN

Und wie sieht es mit anderen Wertanlagen aus? Hier ist das Problem, dass der Kauf solcher Gegenstände einen profunden Sachverstand erfordert. In den meisten Fällen sind die Händleraufschläge so hoch, dass Sie niemals eine angemessene Wertsteigerung erzielen. Der Kauf von Kunst, antiquarischen Büchern, Porzellan, Wein, Briefmarken oder numismatischen Münzen erfordert, dass Sie sich intensiv mit dem jeweiligen Fachgebiet auseinandersetzen. Laien erleiden häufig Verluste.

OHNE SORGEN

FAZIT

Wenn Sie mit einer schweren Jahrhundertkrise rechnen, wird wahrscheinlich nur Gold Sie vor dem Schlimmsten bewahren. Das sollten Sie dann aber gut verstecken für den Fall, dass der Goldbesitz mit drakonischen Strafen belegt wird. Einkaufen werden Sie damit nicht können. Für den Katastrophenfall sollten Sie sich ein paar Silbermünzen zulegen oder Güter horten, die Sie tauschen können. Denken Sie nur an die „Zigarettenwährung" der Nachkriegszeit. Heute würde man wohl Kaffee oder andere Lebensmittel zum Tausch anbieten.

Machen Sie aber Ihre Altersvorsorge nicht von solchen apokalyptischen Visionen abhängig. Der schlimmste Fall tritt glücklicherweise selten ein. Wir haben zwar schon viele Jahrzehnte zumindest in Europa Frieden, und historisch betrachtet, war dies in der Geschichte der absolute Ausnahmefall. Aber es ist unwahrscheinlich, dass gerade in den nächsten Jahren eine schreckliche Katastrophe über uns hereinbricht. Wenn Sie für Ihr Alter vorsorgen wollen, müssen Sie letztlich Optimist sein.

STICHWORTVERZEICHNIS

200-Tage-Linie 163
50-Wochen-Linie 167
Aktie 75, 130, 131, 205
Aktienanlage 48
Aktienauswahl 139
Aktienfonds 65, 138
Aktienkultur 141
Aktienkurs 130
Aktienmarkt 147
aktiv gemanagte Invest-
mentfonds 137
Algorithmen 153
Altersarmut 26, 72, 98, 198
Altersvorsorge 11, 17, 29,
84, 94, 105, 194
Altersvorsorgeplanung 182
Ankerwährung 204
Anlagestrategie 122
Anleihe 75
Annuitätendarlehen 101
Arbeitslosengeld II 19
Arbeitslosigkeit 200
Argentinien 37, 83
arithmetisches Mittel 164
Assetklasse 189
Ausbildungsversicherung
199
Ausgabeaufschlag 65, 66
138, 139
Außenhandelsbilanz 86
außerbörslich 148
Auszahlungsplan 192, 194

Backtesting 166
Bad Bank 30
Bagatellschäden 61
Bank 113
Bankberater 119
Bankensektor 30
Bankprovision 67
Banksparplan 151
Baufinanzierung 189
Baulasten 59
Bauspardarlehen 101
Bausparen 99
Bausparkasse 100
Bausparprämie 100
Bausparsumme 101
Bausparvertrag 99, 102, 179
Bebauungsplan 54
Benjamin Graham 128
Berkshire Hathaway 128,
129
Berufsanfänger 178
Berufsunfähigkeit 186
Berufsunfähigkeitsrente 200
Berufsunfähigkeitsversiche-
rung 185, 200
Besicherung 95
Best-of-30-Strategie 174
Betongold 48
betriebliche Altersversor-
gung 94, 96
Betriebsrente 87, 88, 94
Bewertungszahl 102

Bilanz 134
Bilanzierung 134
Boden 53
Bond 75
Bonität 83, 85
Bonitätsrating 180
Börsenplatzentgelt 148
Bretton Woods 36, 41
Bruttomietrendite 62
Bundesanleihen 75
Bundesobligation 75
Chartformation 157
charttechnische Analyse 163
Collateral 144
Corporate Bond 89
Courtage 148
Crash 136, 150
default 85
Deflationsspirale 81
Delisting 205
demografischer Wandel 9
Depot 144
Depotgebühr 139, 148
Derivat 30
Devisenhandel 152
Direktbank 66, 147
Diversifikation 141
Dividende 132
Dominoeffekt 93
Doppelwährungsanleihe 76
Dot-com-Krise 135
Durchschnittsrendite 162
Edelmetall 36
eigengenutzte Immobilien 47
Eigenheim 189

Eigentum 116
Eigentümergemeinschaft 49
Eigentumsrecht 34
Eigentumswohnung 44, 57, 62
Einlagen 33
Einlagensicherung 29, 117
Einlagensicherungssystem 114
Einlösepflicht 86
Emerging Market 141
Emittent 76
Emittentenrisiko 129, 140
Endfälligkeit 79, 147
Enteignung 32
Entnahme 195
erfolgsabhängige Gebühr 68
Erfolgsgebühr 68
Erschließungsbeiträge 58
Erwerbsnebenkosten 60
ETF 134, 137, 151, 162, 180
ETF-Sparplan 151
Europa 140
Eurozone 19, 30, 115, 141
ewige Rente 192, 194
Exchange Traded Fund 137
Existenzminimum 73
Expert Advisor 153
Family Office 121
Federal Reserve 170
Fehlsignal 164
Fiat-Geld 39
Fibonacci-Retracement 157
Fibonacci-Zahlen 157

Filialbank 147, 149
Finanzierungsschätze 76
Finanzmärkte 77
Finanzplanung 9, 11, 14
Finanzsystem 42
Flipping 190
Floating 86
Föderalismusreform 60
FOMC 170
Fondsmanagement 68
Fondsmanager 70
Förderkonto 74
Forderung 32
Förderung 179
Forex 152
Frankreich 115
Fremdwährung 76
Fremdwährungsanleihen 85
Fukushima 93
Fusion 205
Gebert 176
Gebert-Strategie 177, 181
Geldanlage 28, 191
Geldentwertung 204
Geldschöpfung 33
Genussschein 76
Gerichtsstand 89
Gesamtkostenquote 149
Geschäftsbericht 134
Geschäftsmodell 128
Gesundheitsprüfung 187
Gewichtung 138
Girokonto 33
Gold 36, 204
Goldbarren 41

Goldbindung 37
Goldhändler 39
Goldnotierung 40
Goldpreis 40, 204
Goldverbot 36
Greshamsches Gesetz 38
Griechenland 32
Großbritannien 115
Grundbuch 55
Grunderwerbsteuer 60
Grundsicherung 9
Gutachten 54, 58
Güterstand 202
Guthabenzins 100
Halloween 158
Handelsplattform 148
Harvard 124
Hedgefonds 126
Hindenburg-Omen 156
Hochfrequenzhandel 153
Home Bias 140
Hoster 153
Hyperinflation 203
Hypothekengewinnabgabe 204
Immobilie 44, 48, 50, 204
Immobilieneigentümer 48
Immobilienerwerb 58
Immobilienfinanzierung 46, 48, 99, 104
Immobilienfonds 138
Immobilienmakler 59
Immobilienmarkt 57
Immobilienpreis 45
Index 138, 146

Indexfonds 69, 137, 180
Indikator 164
Inflation 131, 156
Inflationsrate 176
Infrastruktur 51
Insolvenzfall 30
Insolvenzmasse 144
Instandhaltungsrücklage 50
Interbankenmarkt 154
Internetaktien 135
Investmentfonds 65
Investmentgesellschaft 65
Januar-Effekt 159
Japan 92
Jurisdiktion 88
Kapitallebensversicherung 87, 198
Katastrophe 203
Kaufsignal 163
Kernkapitalquote 33
Kleinreparaturen 61
Krankheit 200
Krise 20, 36, 42
Krisenschutz 41
Kunst 207
Kursschwankung 130
Kurzläufer 79
Länderfonds 71
Lateinamerika 141
Laufzeit 101
Lebensabend 9
Lebenserwartung 105, 193
Lebensqualität 51
Lehman Brothers 40, 125
Leitindex 174

Lohnsteigerung 19
Maklercourtage 62
Managementgebühr 68, 137, 138, 139
Marktdurchschnitt 137
Midlife Crisis 191
Mietausfallversicherung 61
Mieterhöhung 61
Mietreinertrag 63
Mischfonds 66, 139
Mistrade 148
Mittelstandsanleihen 90
Mittelstandsunternehmen 90
Münzverschlechterung 38
Nebenwerte 146
Nettokaltmiete 62
Nettomietrendite 62, 63
Neuemission 78
Niedrigzinsniveau 80
Niedrigzinsphase 191
Nobelpreisträger 134
Nobelpreisträger-Strategie 134, 150
Nominalzins 78, 79
Nordamerika 141
Norwegen 85, 127
Notar 59
Notariat 59
Notenbank 170
Obligation 75
Offenmarktausschuss 170
Opportunitätskosten 47, 99
Optionsanleihe 76
OTC-Handel 31

pari 78
Pauschale 147
Pensionsfonds 84, 88
Performance 139
Performance Fee 68
Performancegebühr 139
Performancevergütung 138
Pfandbrief 75, 117
Pflegeversicherung 49
Portfoliomanagement 134
Pressekonferenz 172
Private Equity 126
private Rentenversicherung
105
Privathaftpflichtversiche-
rung 183
Privatinsolvenz 46
Prognose 155
Provision 99
Publikumsfonds 138
Rainbow-Trading 157
Random-Walk-Theorie 155
Rang 103
RAR-Strategie 168
Rating-Agentur 85
Rechtsschutzversicherung
184
Rendite 28, 60, 62, 110,
130, 135
Renminbi 82
Rente 105
Renten-ETF 90, 146, 191
Rentenfonds 65, 138
Rentenmarkt 87, 147
Rentenniveau 72

Rentenreform 72
Rentenversicherung 105,
179, 193, 198
Replikation 142, 146
Repräsentationsmethode
146
Rezession 18, 151
Riester-Rente 73, 198
Riester-Vertrag 72
risikoadjustierter Return
168
Risikolebensversicherung
199
Risikostreuung 147
Rohstoffe 126
Ruhestand 195
Rürup-Vertrag 74
Sachwert 131
Scheidung 200
Schließfach 34
Schrottimmobilien 57
Schuldenschnitt 31
Schuldverschreibung 75, 93
Schwellenmärkte 141
Seitwärtsmärkte 164
Sell in May 159
Sell-in-summer-Strategie
158, 161
Sicherheiten 144
Sicherungssystem 33
Skandinavien 141
Sofortrente 192
Solaranlage 46
Sonderkondition 67
Sondersteuer 32

Sondertilgung 103
Sonderumlage 56
Sondervermögen 140
Sozialamt 49
Sozialleistung 20
Sozialversicherungsbeiträge 97, 197
Sparanteil 102
Sparbuch 28, 35, 150
Staatsanleihen 75, 84, 87, 95
Staatsausgaben 40
Staatsfonds 127
Staatshaushalt 114
Staatsinsolvenz 83
Staatsverschuldung 32, 41
Sterbetabelle 105, 192
Steuern 197
Streuung 140
Substanzwert 128
Südostasien 141
Swap 143
synthetischer ETF 142, 143
Tagesgeldkonto 182
Technologiewerte 136
Teilausführung 148
TER 149
Tilgung 76
Total Expense Ratio 149
Transaktion 147
Triple AAA 85
umlagefähig 61
Umlaufrendite 79
Underlying 163
Unfallversicherung 184

Unternehmensanleihen 89
US-Aktienmarkt 170
US-Notenbank 170
US-Staatsanleihen 82
Value Investing 128
Verbraucherpreisindex 176
Vergleichsindex 138
Verlustbegrenzung 165
Vermögensbildung 47
Versicherungsschutz 186
Verwaltungsaufwand 105
Verwaltungskosten 96, 120
Verweisung 186
virtueller Rechner 153
Volatilität 169
Vorfälligkeitsentschädigung 46
Währungsreform 13, 42
Währungsreserven 82
Waldinvestment 125
Wandelanleihe 76
Weltindex 141
Weltwirtschaft 141
Weltwirtschaftskrise 36, 80, 203
Wertanlage 207
Wertentwicklung 139
Wertpapier 65
Wertpapierauftrag 148
Wertpapierleihe 144, 145, 150
Wettbewerbsfähigkeit 18
Wohn-Riester 74
Yale 124
Yale-Strategie 126

Yuan 82
Zahlungsausfall 85, 88
Zahlungsfähigkeit 83
Zertifikat 125, 129
Zigarettenwährung 208
Zinsen 75
Zinserhöhung 170
Zinsniveau 47, 79
Zinsstrukturkurve 95
Zulage 73
zuteilungsreif 101
Zwangsversteigerung 46
Zwischenfinanzierung 101
Zypern 31, 37, 113

LITERATUR

1 Von wegen die Rente ist sicher. Das Renten-Märchen: Diese Zahlen wollte uns Andrea Nahles verschweigen (Focus vom 16.01.2015)
http://www.focus.de/finanzen/altersvorsorge/das-maerchen-von-der-sicheren-rente-das-renten-maerchen-diese-zahlen-wollte-uns-andrea-nahles-verschweigen_id_4321704.html

2 Private Altersvorsorge. Riester-Chaos: Nicht mal die Bundesregierung blickt bei Förderung durch (Focus vom 23.12.2015)
http://www.focus.de/finanzen/altersvorsorge/private-altersvor sorge-riester-chaos-nicht-mal-die-bundesregierung-blickt-bei-foerderung-durch_id_4362236.html

3 Abgaben werden fällig: Warum Ihre Rente noch kleiner wird, als Sie denken (Focus vom 25.07.2014)
http://www.focus.de/finanzen/altersvorsorge/abgaben-werden-faellig-warum-ihre-noch-rente-kleiner-sein-wird-als-sie-denken_id_4014124.html

4 Buckeln für die Rente: Warum selbst Durchschnittsverdiener im Alter nur eine Hartz-IV-Rente bekommen (Focus vom 03.11.2014)
http://www.focus.de/finanzen/altersvorsorge/rente/buckeln-fuer-die-rente-30-jahre-arbeiten-und-trotzdem-nur-hartz-iv_id_4245618.html

5 Altersarmut: Eine halbe Million Senioren ist auf Grundsicherung angewiesen (Spiegel vom 04.11.2014)
http://www.spiegel.de/wirtschaft/soziales/grundsicherung-rentner-brauchen-wegen-altersarmut-unterstuetzung-a-1001005.html

6 Rente mit 69: Wer Rente will, muss arbeiten (Focus vom 21.07.2009)
http://www.focus.de/finanzen/altersvorsorge/rente/tid-14947/rente-mit-69-wer-rente-will-muss-arbeiten_aid_418673.html

7 Sinkendes Niveau: 31 Jahre Arbeit bringen bald nur noch Rente auf Hartz-IV-Niveau (Focus vom 03.11.2014)
http://www.focus.de/finanzen/altersvorsorge/rente/grundsicherung-31-jahre-arbeit-und-durch-nur-rente-auf-hartz-iv-niveau_id_4244419.html

8 Armut auch bei langjähriger Erwerbsbiografie (Die Süddeutsche Zeitung vom 17.10.2012)
http://www.sueddeutsche.de/politik/bericht-der-bundesregierung-ohne-privatvorsorge-droht-altersarmut-1.1497905-2

9 Viele Deutsche können sich das Sparen nicht mehr leisten (Manager Magazin vom 23.10.2014)
http://www.manager-magazin.de/finanzen/artikel/a-998815.html

10 Risiko für Gutverdiener: In diesen Regionen droht Ihnen der

Rentenschock (Focus vom 26.06.2014)
http://www.focus.de/finanzen/altersvorsorge/risiko-fuer-gutverdiener-in-diesen-regionen-droht-ihnen-der-rentenschock_id_3947569.html

11 Die wichtigsten Antworten: Diese zehn Dinge müssen Sie über die Rente wissen (Focus vom 14.08.2014)
http://www.focus.de/finanzen/altersvorsorge/x-fragen-zur-rente-fragen-zur-rente_id_4058619.html

12 Altersvorsorge: Deutsches Rentensystem hinkt hinterher (Focus vom 13.10.2014)
http://www.focus.de/finanzen/diverses/altersvorsorge-deutsches-rentensystem-hinkt-hinterher_id_4198409.html

13 Abgaben werden fällig: Warum Ihre Rente noch kleiner wird, als Sie denken (Focus vom 25.07.2014)
http://www.focus.de/finanzen/altersvorsorge/abgaben-werden-faellig-warum-ihre-noch-rente-kleiner-sein-wird-als-sie-denken_id_4014124.html

14 Hartz-IV für Senioren: Kosten für arme Alte könnten deutlich steigen (Die Zeit vom 24.06.2014)
http://www.zeit.de/politik/deutschland/2014-06/grundsicherung-rentner-minijob

15 Bundesregierung erwartet steigende Kosten für arme Alte (Die Süddeutsche Zeitung vom 24.06.2014)
http://www.sueddeutsche.de/wirtschaft/diskussion-um-altersarmut-bundesregierung-erwartet-steigende-kosten-fuer-arme-alte-1.2012109

16 Junge Deutsche fürchten Altersarmut (Die Süddeutsche Zeitung vom 21.11.2012)
http://www.sueddeutsche.de/geld/umfrage-junge-deutsche-fuerchten-altersarmut-1.1529238

17 Altersarmut in Deutschland nimmt zu (Die Süddeutsche Zeitung vom 17.05.2010)
http://www.sueddeutsche.de/politik/sozialdebatten-altersarmut-in-deutschland-nimmt-zu-1.218231

18 Rentenreport warnt vor „sozialer Katastrophe" (Die Welt vom 27.08.2012)
http://www.welt.de/regionales/duesseldorf/article108820711/Rentenreport-warnt-vor-sozialer-Katastrophe.html

19 Das Bretton-Woods-System (bpb vom 12.01.2012)
http://www.bpb.de/politik/wirtschaft/finanzmaerkte/54851/bretton-woods-system?p=0

20 Vor 40 Jahren begann die Ära des Gelddruckens (Die Welt vom 15.08.2011)
http://www.welt.de/finanzen/article13546275/Vor-40-Jahren-begann-die-Aera-des-Gelddruckens.html

21 Zypern kontrolliert den Kapitalverkehr (Handelsblatt vom 25.03.2013) http://www.handelsblatt.com/politik/international/oeffnung-der-banken-verschoben-zypern-kontrolliert-den-kapitalverkehr/7984546.html

22 Das Beispiel Argentinien (F.A.Z. vom 24.03.2010) http://www.faz.net/aktuell/wirtschaft/staatsbankrott-das-beispiel-argentinien-1955217.html

23 „Golden State" ist pleite (Süddeutsche Zeitung vom 17.05.2010) http://www.sueddeutsche.de/wirtschaft/kalifornien-notstand-erklaert-golden-state-ist-pleite-1.103715

24 Wie kommt Geld in die Welt? (F.A.Z. vom 05.02.2012) http://www.faz.net/aktuell/wirtschaft/wirtschaftswissen/geldschoepfung-wie-kommt-geld-in-die-welt-11637825.html

25 Goldkauf in der Mittagspause (Wirtschaftswoche vom 03.11.2011) http://www.wiwo.de/finanzen/geldanlage/sachanlage-goldkauf-in-der-mittagspause/5794172.html

26 Immobilien-Eigentum: Deutschland fast am Ende (Finblog.de vom 10.09.2012) http://www.finblog.de/immobilien-eigentum-deutschland-fast-am-ende/

27 Kosten-Nutzen-Bilanz: Studie zur Wärmedämmung sorgt für Ärger (Spiegel vom 30.03.2013) http://www.spiegel.de/wirtschaft/service/waermedaemmung-studie-zu-kosten-und-nutzen-sorgt-fuer-streit-a-891797.html

28 Wahnsinn Wärmedämmung? (Badische Zeitung vom 18.02.2015) http://www.badische-zeitung.de/wirtschaft-3/wahnsinn-waermedaemmung--83806194.html

29 Studie: Immobilien eignen sich nur bedingt als Altersvorsorge (Spiegel vom 28.10.2013) http://www.spiegel.de/wirtschaft/service/immobilien-als-altersvorsorge-wertzuwachs-nur-in-wachsenden-regionen-a-930516.html

30 Neue Rechte für Eigentümer (Focus vom 28.06.2007) http://www.focus.de/immobilien/kaufen/wohnungseigentumsge-setz/wohnanlagen_aid_28695.html

31 Immobilien als Kapitalanlage: Drei Millionen Vermieter verdienen nichts (Spiegel vom 17.09.2014) http://www.spiegel.de/wirtschaft/service/immobilien-3-millionen-vermieter-verdienen-kein-geld-a-991949.html

32 Immobilieninvestments: Private Vermieter erzielen nur Mini-Renditen - viele zahlen drauf: http://www.manager-magazin.de/immobilien/artikel/immobilien-private-vermieter-verpassen-renditechancen-a-991977.html

33 Vorsicht bei Geldanlage: Diese Kosten fressen die Rendite
(Finanzen 100 vom 31.05.2013)
http://www.finanzen100.de/finanznachrichten/wirtschaft/vorsicht-
bei-geldanlage-diese-kosten-fressen-die-rendite_
H227552150_62046/

34 Schwache Renditen: Darum floppen die meisten Fonds
(Finanzen 100 vom 28.05.2013)
http://www.finanzen100.de/finanznachrichten/wirtschaft/schwache-
renditen-darum-floppen-die-meisten-fonds_H1917368859_62016/

35 Profis gegen Amateure: Fondsmanager erzielen keine höhere
Rendite als Privatanleger (Wirtschaftswoche vom 29.10.2014)
http://www.wiwo.de/finanzen/boerse/profis-gegen-amateure-fonds-
manager-erzielen-keine-hoehere-rendite-als-privatanleger/
10906686.html

36 Riester-Rente im Test schlechter als ihr Ruf (Stern vom
02.06.2011)
http://www.stern.de/wirtschaft/geld/riester-rente-im-test-schlechter-
als-ihr-ruf-1690962.html

37 Mathematiker kritisiert Abzocke bei Riester-Rente (Die Welt vom
23.09.2012)
http://www.welt.de/wirtschaft/article109413999/Mathematiker-
kritisiert-Abzocke-bei-Riester-Rente.html

38 Magere Rendite bei Riester-Rente: Alt werden ist Pflicht (Stern
vom 23.11.2011)
http://www.stern.de/wirtschaft/geld/magere-rendite-bei-riester-
rente-alt-werden-ist-pflicht-1754391.html

39 Wohn-Riester – Antworten auf die wichtigsten Fragen
(Verbraucherzentrale NRW)
http://www.vz-nrw.de/wohn-riester-antworten-auf-die-wichtigsten-
fragen-11

40 Quantitative Easing: Staatsanleihenkäufe – wer hat's vorgemacht?
(Der Spiegel vom 22.01.2015)
http://www.spiegel.de/wirtschaft/soziales/staatsanleihen-
programme-anderer-notenbanken-a-1014432.html

41 Kauf von Staatsanleihen: EZB flutet Märkte mit 60 Milliarden Euro
pro Monat (Der Spiegel vom 22.01.2015)
http://www.spiegel.de/wirtschaft/soziales/europaeische-zentral-
bank-ezb-rat-beschliesst-kauf-von-staatsanleihen-a-1014387.html

42 Handelsüberschuss: Chinas Reserven wachsen um 500 Milliarden
Dollar (Der Spiegel vom 15.01.2014)
http://www.spiegel.de/wirtschaft/soziales/chinas-waehrungsreserven-
erreichen-neuen-rekordwert-a-943717.html

43 Bank of China eröffnet Renminbi-Drehscheibe in Frankfurt (F.A.Z.
vom 26.08.2014)

http://www.faz.net/aktuell/finanzen/devisen-rohstoffe/meilenstein-
fuer-chinesische-waehrung-bank-of-china-eroeffnet-renminbi-
drehscheibe-in-frankfurt-13118480.html

44 Gläubiger Argentiniens werden ungemütlich (F.A.Z. vom 11.10.2012)
http://www.faz.net/aktuell/finanzen/anleihen-zinsen/marineschiff-in-
ghana-festgesetzt-glaeubiger-argentiniens-werden-ungemuetlich-
11922372.html

45 Die Auswirkungen von Argentiniens Staatsbankrott (Stern vom
31.07.2012)
http://www.stern.de/wirtschaft/news/10-fakten-zum-schuldenstreit-
die-auswirkungen-von-argentiniens-staatsbankrott-2127565.html

46 Pfändung gescheitert: Kein Kuckuck auf den Dinos (Merkur Online
vom 19.10.2009)
http://www.merkur-online.de/bayern/pfaendung-gescheitert-
rosenheim-kein-kuckuck-dinosmeta-497544.html

47 Argentinien zockt sich in den Staatsbankrott (Die Welt vom
31.07.2014)
http://www.welt.de/wirtschaft/article130736925/Argentinien-zockt-
sich-in-den-Staatsbankrott.html

48 Wenn Träume platzen (Die Zeit vom 04.12.2014)
http://www.zeit.de/2014/50/anleihen-mittelstandsanleihen-
traumschiff

49 Börse Stuttgart beerdigt den Mittelstandsmarkt (Handelsblatt vom
11.12.2014)
http://www.handelsblatt.com/finanzen/maerkte/anleihen/
mittelstandsanleihen-boerse-stuttgart-beerdigt-den-mittelstands-
markt/11109590.html

50 Axel Kleinlein: Die Mär von der betrieblichen Altersvorsorge
http://www.handelsblatt.com/meinung/kolumnen/kurz-und-
schmerzhaft/kleinleins-klartext-die-maer-von-der-betrieblichen-
altersvorsorge/8116670.html

51 Dax-Pensionspläne: 200 Milliarden für die Altersvorsorge
(Manager Magazin vom 25.03.2014)
http://www.manager-magazin.de/finanzen/artikel/
pensionsvermoegen-der-dax-konzerne-klettert-auf-200-
milliarden-euro-a-960701.html

52 Betriebliche Altersvorsorge, Direktversicherungen
Voll ins Risiko (Öko-Test Juni 2014)
http://www.oekotest.de/cgi/index.cgi?artnr=104246&bernr=
21&seite=02&suche=Riester-Rente

53 Vorsicht neue Zinsfalle: Jetzt schrumpfen auch die Betriebsrenten
(Focus vom 28.09.2014)
http://www.focus.de/finanzen/altersvorsorge/betriebsrente/
vorsicht-neue-zinsfalle-jetzt-schrumpfen-auch-die-betriebsrenten_

id_4162292.html

54 Tarifstreit mit Piloten: Bei der Lufthansa drohen neue Streiks (Spiegel vom 19.12.2014)
http://www.spiegel.de/wirtschaft/unternehmen/lufthansa-streik-neue-streiks-drohen-womoeglich-vor-weihnachten-a-1009543.html

55 Betriebliche Altersvorsorge, Direktversicherungen Voll ins Risiko (Öko-Test Juni 2014)
http://www.oekotest.de/cgi/index.cgi?artnr=104246&bernr=21&seite=03&suche=Riester-Rente

56 Betriebliche Altersvorsorge, Direktversicherungen Voll ins Risiko (Öko-Test Juni 2014)
http://www.oekotest.de/cgi/index.cgi?artnr=104246&bernr=21&seite=12&suche=Riester-Rente

57 Jede fünfte Bausparkasse fällt durch (F.A.Z. vom 20.01.15)
http://www.faz.net/aktuell/finanzen/meine-finanzen/mieten-und-wohnen/stiftung-warentest-jede-fuenfte-bausparkasse-faellt-durch-13380488.html

58 Analyse zu Standmitteilungen, Lebensversicherer informieren schlecht (Manager Magazin vom 28.01.2015)
http://www.manager-magazin.de/finanzen/versicherungen/studie-lebensversicherer-informieren-schlecht-a-1015440.html

59 Erträge bleiben aus. Ratingagentur Moody´s: Deutschen Lebensversicherern droht der Kollaps (Focus vom 06.02.2015)
http://www.focus.de/finanzen/versicherungen/lebensversicherung/ertraege-bleiben-aus-ratingagentur-moody-s-deutschen-lebensversicherern-droht-der-kollaps_id_4457293.html

60 Lebensversicherung und Altersvorsorge: Schwere Vorwürfe gegen die Lebensversicherer (Handelsblatt vom 29.01.2015)
http://www.handelsblatt.com/finanzen/vorsorge/altersvorsorge-sparen/lebensversicherung-und-altersvorsorge-schwere-vorwuerfe-gegen-die-lebensversicherer/11297574.html

61 Angriff auf Andrea Nahles: Grüne fordern neues Rentenkonzept (Focus vom 04.12.2015)
http://www.focus.de/finanzen/altersvorsorge/angriff-auf-nahles-gruene-fordern-neues-rentenkonzept_id_4321760.html

62 Lebensversicherung: Vorsicht, Schlussverkauf! (Die Zeit vom 10.11.2014)
http://www.zeit.de/2014/44/geldanlage-lebensversicherung-gebuehren-anlageberatung

63 Lebensversicherung: Vorsicht, Schlussverkauf! (Die Zeit vom 10.11.2014)
http://www.zeit.de/2014/44/geldanlage-lebensversicherung-gebuehren-anlageberatung

64 Riester-Renten: Weniger Leistung, mehr Risiko (Öko-Test

September 2012)
http://www.oekotest.de/cgi/index.cgi?artnr=100614&bernr=
21&seite=01&suche=Altersvorsorge

65 Riester-Renten: Weniger Leistung, mehr Risiko (Öko-Test
September 2012)
http://www.oekotest.de/cgi/index.cgi?artnr=100614&bernr=
21&seite=02&suche=Altersvorsorge

66 Riester-Renten: Weniger Leistung, mehr Risiko (Öko-Test
September 2012)
http://www.oekotest.de/cgi/index.cgi?artnr=100614&bernr=
21&seite=08&suche=Altersvorsorge

67 Riester-Renten: Weniger Leistung, mehr Risiko (Öko-Test
September 2012)
http://www.oekotest.de/cgi/index.cgi?artnr=102585&bernr=21&
gartnr=1&suche=Altersvorsorge

68 Lebensversicherungen: Kaum Rendite in Sicht (Öko-Test
September 2013)
http://www.oekotest.de/cgi/index.cgi?artnr=102585&bernr=21&
seite=01&suche=Altersvorsorge

69 Altersvorsorge: Wenn Versicherungsvertreter Klartext sprächen
(Spiegel vom 07.02.2015)
http://www.spiegel.de/wirtschaft/service/rentenversicherung-
versicherer-reden-nicht- klartext- kolumne-a-1017046.html

70 Rentable Altersvorsorge. 600 Euro Unterschied jährlich: Das sind
die besten Riester-Policen (Focus vom 29.01.2015)
http://www.focus.de/finanzen/altersvorsorge/riesterplaene/
rentable-altersvorsorge-600-euro-unterschied-jaehrlich-das- sind-
die-besten-riester-policen_id_4426841.html

71 Soziologen Ingo Bode und Felix Wilke über Alterssicherung
(Göttinger Tageblatt vom 03.11.2014)
http://www.goettinger-tageblatt.de/Nachrichten/Wissen/Wissen-vor-
Ort/Soziologen-Ingo-Bode-und-Felix-Wilke-ueber-Alterssicherung

72 Regierung erhöht Zwangsabgabe deutlich (Süddeutsche Zeitung
vom 28.07.2013)
http://www.sueddeutsche.de/wirtschaft/bankenkrise-in-zypern-
regierung-erhoeht-zwangsabgabe-deutlich-1.1732801

73 Krise in Zypern: Banken noch nicht gestürmt (taz vom 28.03.2013)
http://www.taz.de/!113668/

74 Gilt die Einlagensicherung noch und was passiert bei einer
Bankpleite? (Focus vom 03.04.2013)
http://www.focus.de/finanzen/boerse/finanzkrise/tid-30390/
rueckkehr-der-euro-krise-33-antworten-fuer-ihr-geld-gilt-die-
einlagensicherung-noch-und-was-passiert-bei-einer-bankpleite_
aid_952146.html

75 Wie geht es Europas Staaten? (Tagesschau vom 05.02.2015)
http://www.tagesschau.de/wirtschaft/wirtschaftsdaten104.html

76 Umfrage: Mehrheit der Briten würde für EU-Austritt stimmen
(Spiegel vom 20.12.2014)
http://www.spiegel.de/politik/ausland/eu-mehrheit-der-briten-
wuerde-fuer-austritt-stimmen-a-1009743.html

77 Der industrielle Niedergang Frankreichs setzt sich fort
(F.A.Z. vom 19.09.2013)
http://www.faz.net/aktuell/wirtschaft/konjunktur/wirtschaftskrise-
der-industrielle-niedergang-frankreichs-setzt-sich-fort-12580098.
html

78 Der industrielle Niedergang Frankreichs setzt sich fort (F.A.Z. vom
19.09.2013)
http://www.faz.net/aktuell/wirtschaft/konjunktur/wirtschaftskrise-
der-industrielle-niedergang-frankreichs-setzt-sich-fort-12580098.html

79 Ranking des Weltwirtschaftsforums: Frankreich und Italien bleiben
auf der Strecke (Wirtschaftswoche vom 03.09.2014)
http://www.wiwo.de/politik/europa/ranking-des-weltwirtschaftsfo-
rums-frankreich-und-italien-bleiben-auf-der-strecke/10641844.html

80 Ranking des Weltwirtschaftsforums: Frankreich und Italien bleiben
auf der Strecke (Wirtschaftswoche vom 03.09.2014)
http://www.wiwo.de/politik/europa/ranking-des-weltwirtschaftsfo-
rums-frankreich-und-italien-bleiben-auf-der-strecke/10641844.html

81 Hohe Beratungsprovisionen: Abzocke beim Bankberater (Spiegel
vom 04.04.2012)
http://www.spiegel.de/wirtschaft/service/bankberater-kassieren-
hohe-provisionen-von-ihren-kunden-a-824751.html

82 Der Druck auf die Anlageberater wächst (F.A.Z. vom 02.10.2013)
http://www.faz.net/aktuell/finanzen/meine-finanzen/sparen-und-
geld-anlegen/nachrichten/bankberatung-der-druck-auf-die-anlage-
berater-waechst-12600264.html

83 Die Investmentstrategie der reichsten Uni der Welt (Handelsblatt
vom 20.09.2012)
http://www.handelsblatt.com/finanzen/anlagestrategie/trends/
wohin-mit-dem-geld-die-investmentstrategie-der-reichsten-uni-der-
welt/7159082.html

84 Harvard kauft rumänischen Wald überteuert, Millionen-Bestechung
(Die Welt vom 30.01.2014)
http://www.welt.de/newsticker/bloomberg/article124376687/
Harvard-kauft-rumaenischen-Wald-ueberteuert-Millionen-
Bestechung.html

85 Anlegen wie die Elite-Uni Yale (Die Welt vom 19.10.2007)
http://www.welt.de/finanzen/article1278861/Anlegen-wie-die-Elite-
Uni-Yale.html

86 Oslo vs. Yale: Wer ist der bessere Vermögensverwalter (F.A.Z. vom 27.02.2012)
http://www.faz.net/aktuell/finanzen/fonds-mehr/oslo-vs-yale-wer-ist-der-bessere-vermoegensverwalter-11664498.html

87 Harvard/Yale-Fonds: Das Imperium will zurückschlagen (Manager Magazin vom 07.01.2010)
http://www.manager-magazin.de/finanzen/artikel/a-670154.html

88 Chambers, David; Elroy Dimson und Antti S. Ellmanen: The Norway Model
http://papers.ssrn.com/sol3/papers.cfm?abstract_id=1936806&

89 Lowenstein, Roger: Buffett: Die Geschichte eines amerikanischen Kapitalisten. Kulmbach: Börsenmedien 2009.

90 Hagstrom, Robert : Warren Buffett. Sein Weg – eine Methode – seine Strategie. Kulmbach: Börsenmedien 1996.

91 Investieren wie Warren Buffett: Der Multi-Milliardär empfiehlt börsengehandelte Indexfonds – und die Branche boomt (Handelsblatt vom 05.02.2015)

92 Pardoe, James: So macht es Warren Buffett. Wien: Linde 2005.

93 Aktien sind langfristig die renditestärkste Anlageklasse (Handelsblatt vom 09.09.2011)
http://www.handelsblatt.com/finanzen/anlagestrategie/fonds-etf/fondssparen-aktien-sind-langfristig-die-renditestaerkste-anlage-klasse/4586936-2.html

94 Warum Warren Buffett auf ETFs setzt (Focus vom 19.10.2014)
http://www.focus.de/finanzen/experten/markus_jordan/mit-exchange-traded-funds-anlegen-wie-die-investment-legende_id_4140031.html

95 Buffett bevorzugt es einfach und günstig (Handelsblatt vom 09.07.2014)
http://www.handelsblatt.com/finanzen/anlagestrategie/fonds-etf/indexfonds-buffett-bevorzugt-es-einfach-und-guenstig/10174932.html

96 Buffetts Rat - bloß nicht nach Gewinner-Aktien suchen (Manager Magazin vom 05.09.2014)
http://www.manager-magazin.de/finanzen/artikel/anlagetipp-von-buffett-kosten-sparen-a-989938.html

97 Hochfrequenzhandel: Blitztrader zocken mit dem Geld normaler Sparer (Wirtschaftswoche vom 02.06.2014)
http://www.wiwo.de/finanzen/boerse/hochfrequenzhandel-blitztrader-zocken-mit-dem-geld-normaler-sparer/9964646.html

98 Hochfrequenzhandel Keine Angst vor den Flash Boys (F.A.Z. vom 27.04.2014)
http://www.faz.net/aktuell/finanzen/aktien/hochfrequenzhandel-keine-angst-vor-den-flash-boys-12911495.html

99 Hochfrequenzhandel: Blitztrader zocken mit dem Geld normaler

Sparer (Wirtschaftswoche vom 02.06.2014)
http://www.wiwo.de/finanzen/boerse/hochfrequenzhandel-blitztrader-zocken-mit-dem-geld-normaler-sparer/9964646.html

100 Hochfrequenzhandel: Blitztrader zocken mit dem Geld normaler Sparer (Wirtschaftswoche vom 02.06.2014)
http://www.wiwo.de/finanzen/boerse/hochfrequenzhandel-blitztra der-zocken-mit-dem-geld-normaler-sparer/9964646.html

101 Das Pokerface der Börse (Neue Zürcher Zeitung vom 01.03.2013)
http://www.nzz.ch/finanzen/uebersicht/boersen_und_maerkte/das-pokerface-der-boerse-1.18032199

102 Skurrile Konjunkturindizes: Kurze Röcke - und der Aufschwung kommt? (Frankfurter Rundschau vom 30.08.2013)
http://www.fr-online.de/geldanlage/-rocksaum-index-rocklaenge-konjunktur-messen-zusammenhang-roecke,1473054,24163972.html

103 Anleger sollten Hindenburg-Omen ernst nehmen (boerse ARD vom 15.12.2014)
http://boerse.ard.de/anlagestrategie/geldanlage/anleger-sollten-hindenburg-omen-ernst-nehmen100.html

104 Hoffen auf den Halloween-Effekt: Jetzt gibt's Süßes! (boerse ARD vom 30.10.2013)
http://boerse.ard.de/boersenwissen/boersenwissen-fuer-fortgeschrittene/jetzt-gibts-suesses100.html

105 Sell in Summer – oder wie Anleger den Dax schlagen können
http://boerse.ard.de/anlagestrategie/charttechnik/sell-in-summer-oder-wie-anleger-den-dax-schlagen-koennen100.html

106 Sell in Summer – oder wie Anleger den Dax schlagen können
http://boerse.ard.de/anlagestrategie/charttechnik/sell-in-summer-oder-wie-anleger-den-dax-schlagen-koennen100.html

107 Sell in Summer – oder wie Anleger den Dax schlagen können
http://boerse.ard.de/anlagestrategie/charttechnik/sell-in-summer- oder-wie-anleger-den-dax-schlagen-koennen100.html

108 Jetzt werden die Weichen fürs Börsenjahr gestellt (boerse ARD vom 02.01,2015)
http://boerse.ard.de/boersenwissen/boersenwissen-fuer-fortgeschrittene/der-januar-ist-ein-guter-boersenindikator100.html

109 Wenn die Weihnachtsmänner rennen und die Kurse klettern (boerse ARD vom 15.12.2014)
http://boerse.ard.de/boersenwissen/boersenwissen-fuer-fortge-schrittene/wenn-die-weihnachtsmaenner-rennen-und-die-kurse-klettern100.html

110 Sell in Summer – oder wie Anleger den Dax schlagen können (boerse ARD vom 31.07.2014)
http://boerse.ard.de/anlagestrategie/charttechnik/sell-in-summer-oder-wie-anleger-den-dax-schlagen-koennen100.html

111 Besser als der DAX – zehn Strategien
http://www.finanzen.net/eurams/bericht/Titel-Besser-als-der-DAX-
Zehn-Strategien-1986045

112 Die 200-Tage-Linie als Maß aller Dinge (boerse ARD vom
11.07.2014)
http://boerse.ard.de/boersenwissen/boersenwissen-fuer-fortge-
schrittene/die-200-tage-linie-als-mass-aller-dinge-100.html

113 200-Tage-Linie – Indikator für den Statistik-Fuchs (Focus vom
09.08.2013)
http://www.focus.de/finanzen/boerse/tid-32784/anlagestrategien-
nur-das-beste-ist-gut-genug-200-tage-linie-fuer-den-statistik-fuchs_
aid_1065262.html

114 200-Tage-Linie – Indikator für den Statistik-Fuchs (Focus vom
09.08.2013)
http://www.focus.de/finanzen/boerse/tid-32784/anlagestrategien-
nur-das-beste-ist-gut-genug-200-tage-linie-fuer-den-statistik-fuchs_
aid_1065262.html

115 Börsenstrategien: SIEBEN GEWINNT (Focus 04/2015 vom
14.01.2015)
http://www.focus.de/finanzen/boerse/aktien/boersenstrategien-
sieben-gewinnt_id_4403481.html

116 Börsenstrategien: SIEBEN GEWINNT (Focus 04/2015 vom
14.01.2015)
http://www.focus.de/finanzen/boerse/aktien/boersenstrategien-
sieben-gewinnt_id_4403481.html

117 RAR-Strategie. Less Risk More Fun. (Focus 04/2015 vom
14.01.2015)
http://www.focus.de/finanzen/boerse/aktien/boersenstrategien-
sieben-gewinnt_id_4403481.html

118 Lucca, David O. und Emanuel Moench: Pre-FOMC Announcement
Drift
www.newyorkfed.org/research/staff_reports/sr512.pdf

119 In 192 Stunden gewinnen (Focus vom 08.08.2012)
http://www.focus.de/finanzen/boerse/strategie-in-192-stunden-
gewinnen_aid_795533.html

120 In 192 Stunden gewinnen (Focus vom 08.08.2012)
http://www.focus.de/finanzen/boerse/strategie-in-192-stunden-
gewinnen_aid_795533.html

121 Die Best-of-30-Strategie. (Focus 04/2015 vom 14.01.2015)
http://www.focus.de/finanzen/boerse/aktien/boersenstrategien-
sieben-gewinnt_id_4403481.html

122 Thomas Gebert:
http://www.xn--gebert-brsenindikator-oec.de/

123 Gebert-Strategie: Die erfolgreiche Formel des Physikers.

http://www.finanzen.net/nachricht/zertifikate/Anlagestrategie-
Gebert-Strategie-Die-erfolgreiche-Formel-des-Physikers-1858862

124 Börsenindikator Deutschland: Verblüffend simples Erfolgskonzept
http://www.institutional-money.com/magazin/theorie-praxis/artikel/
boersenindikator-deutschland-verblueffend-simples-erfolgskonzept/

125 Kompass für gute und schlechte Zeiten (Handelsblatt vom
12.02.2014)
http://www.handelsblatt.com/finanzen/zertifikate/nachrichten/
anlageprodukt-kompass-fuer-gute-und-schlechte-zeiten-/
9458512.html

126 Thomas Gebert: Der aktuelle Stand des Börsenindikators
http://www.gebert-börsenindikator.de/der-aktuelle-stand/

127 Volkskrankheit Burn-out ist nicht mitversichert (Die Welt vom
19.02.2012)
http://www.welt.de/finanzen/versicherungen/article13876514/
Volkskrankheit-Burn-out-ist-nicht-mitversichert.html

128 Das Goldverbot in den USA
http://www.goldseiten.de/wissen/goldstandard/geschichte/
goldverbot.php

129 Schutz vor Goldverbot und Goldsteuer (Wirtschaftswoche vom
27.03.2012)
http://www.wiwo.de/finanzen/geldanlage/fallstricke-schutz-vor-
goldverbot-und-goldsteuer/6373342.html